Sergent P. L...

Entre les Lignes

L. JOUAN, Libraire-Éditeur, Caen.

Entre les Lignes

Sergent P. L...

Entre

les

Lignes

L. JOUAN, Libraire-Éditeur, Caen.

A

Mon Ami

Louis QUINTON,

glorieusement tombé

le 20 octobre 1915.

Le Casque.

Hier, deuxième jour de première ligne, pénible émotion.

Après la nuit étoilée et froide, après la matinée brumeuse, tout d'un coup, le soleil. Une étendue fauve nous sépare d'une cité en ruines d'où s'élèvent des fumées qui ne sont pas des incendies, et marquent la place de quelques petites usines obstinées. Je pense à une eau-forte de Rembrandt qui, dans son cadre minuscule, tient toute une plaine avec une ville au fond... seulement, la plaine du peintre hollandais est heureuse : le vol rageur des obus ne la traverse pas !

Quelquefois, nous rêvassons devant le couchant que des collines soulignent d'un large trait violet.

— C'est par là, Paris, sergent ?

— Oui, mon vieux, du côté de la lumière. On lui fera bonne garde, cette nuit encore.

— Ça, c'est sûr.

A droite, à gauche, des zébrures claires, bourrelets crayeux sur le chaume: nos tranchées. Sur le même fond roux, les « leurs » sont ternes.

Quel calme !

Depuis un certain temps, d'ailleurs, la canonnade affecte ici une allure bureaucratique. Silence pour le petit déjeuner; reprise de huit à dix. Trêve de l'estomac jusqu'à midi; reprise de midi à cinq heures. Et cela se passe sans hâte, sans fièvre, avec méthode. A leurs affûts, les artilleurs s'installent, comme d'autres à des tables chargées de dossiers. Demandes et réponses se croisent au-dessus de nous, et parfois, la riposte française est si prompte, si directe, que nous sentons le vent du projectile rasant nos ouvrages avant de trouer le champ d'en face.

Que n'a-t-on écrit sur « la tranchée », la vie qu'on y mène, la mort qu'on y reçoit ? Le monde entier connaît, a vu, par le récit, par l'image, ce mode de défense qui m'est trop familier pour que je songe encore avec stupeur aux milliers de kilomètres ainsi creusés en pleine terre de France, aux remparts mouvants et formidables derrière lesquels frémit, pense et travaille la Nation ; aux fossés pleins de boue et de sang qui resteront, dans le souvenir des siècles, comme l'abîme ouvert entre la Barbarie et le Droit, et seront, sous les moissons à venir, une ride à peine plus profonde que les sillons voisins. Mais cette ride désignera la Tranchée aux générations futures, tandis que rien ne révélera la marge, variable de dix à quatre cents mètres, qui sépare les lignes. Entre les lignes... terrain aride, bossué de cadavres, crevassé d'éclats, moucheté de grenades, éraflé de balles, sinueux chemin de ronde de la mort, domaine désertique et neutre, animé du seul souffle des agonies et fouillé sans relâche, nuit et jour, de regards aigus !

Aujourd'hui, le ciel a quelque chose de dominical. Il est blanc, un peu comme à Pâques. C'est bien un éternel Dimanche. Les laboureurs déjeunent : voici, abandonné pour le temps du repos, un tas de fumier où la fourche est piquée, une charrue chavirée, une herse. A la croisée de deux routes, un poteau indicateur lève ses bras inutiles vers des directions barrées ; près de là, une borne kilométrique, qui paraît un obélisque, porte le nom d'un village détruit et a moins de sens, hélas ! que les hiéroglyphes de Luxor.

Midi. Après l'engourdissement du froid nocturne, la somnolence des premières tiédeurs.

— Faut tirer d'ssus... Ah ! l'cochon ! Là-bas. Là, là, tenez, sergent, il est couché.

— Mais où ?

— Là.

— Et qui ?

— Un homme.

— Un Boche ?

— Non... un de la vingtième.

Déjà, une rumeur glisse le long de nos lignes. Les têtes curieuses dépassent les talus.

— Tenez. Il a remué un bras.

A présent, je vois. Un grand diable est sorti de nos retranchements et gagne en rampant ceux des Boches. Il est vêtu de la capote bleu-pâle et j'observe que cette teinte se noie d'une façon surprenante dans les couleurs environnantes. On dirait un gros caméléon. Il a trouvé une légère dépression. Il s'y engage, toujours à plat ventre. Encore vingt minutes, et, de ce train-là, il sera cueilli par les Allemands.

Il se dresse. Il est assez loin, et pourtant, il semble si haut ! C'est un géant... Non. Il approche du poteau indicateur. Il lui est proportionné. Il passe au beau milieu du mirage qui amplifie toute chose en cette solitude et fait un tigre d'un lièvre égaré.

— Il n'a pas d'armes.

— Il est fou.

— Il se rend.

— Faut le finir.

— S'il ne revient pas tout de suite, je le zigouille, conclut un petit cabot, tireur ex-cellent, qui ne le ratera pas.

L'homme s'est à nouveau jeté par terre. Il remue les jambes comme un nageur. Moi aussi, je le crois fou. Puis on ne distingue que le dos rond. A quatre pattes, indénia-blement, il va « chez eux ». Il a entendu le roulement des culasses armées. Il se dresse encore.

— Il nous défie, le salaud.

— C'est pas le premier.

— Les pièces seront repérées.

— Et nous aussi.

— Et puis, c'est dégoûtant.

Nous sommes moins effrayés des renseignements qu'il fournira et qui seront suivis d'un bombardement en règle, aux bons endroits, que révoltés de la trahison d'un frère. Mes braves sont pâles. Ils haïssent ce Français félon plus que le hideux Kronprinz lui-même. C'est autre chose qu'un ennemi : il est la honte qui nous salit et qui doit cesser aussitôt. Mon cœur bat, avant l'exécution que je ne peux empêcher, comme il n'a jamais battu. Je crois que je vais chercher l'homme et le ramener par la main... Cela devient intolérable... Et il repart !

Un coup de feu. La balle cingle le sol et ricoche. Il s'est arrêté. D'autres coups. Il ramasse quelque chose. Il est à genoux. Il nous regarde. La fusillade se tait. Il a compris. Le voilà debout. Il porte un sac jaune. Il marche vers nous d'un pas allongé et lourd.

Et c'est d'en face que, maintenant, on tire. Les « abeilles » le frôlent. Il ne s'en soucie guère, ne se hâte pas.

Les Allemands, qui s'imaginaient déjà le

déserteur interrogé dans l'une de leurs chambres profondes, pointant de son ongle terreux la position des batteries sur un plan, se vengent de leur déception.

Il a sauté dans la tranchée.

Des champs, rien n'émerge que le poteau indicateur, la borne kilométrique et la fourche sur le tas de fumier. Cependant, autour d'une pauvre capote bleue, un drame bref s'est joué. Le silence des Boches avait la douceur d'un appel, les Lebels criaient la mort du misérable, les Mausers aboyaient après le gibier manqué.

Je parcours des lieues de boyautage pour rejoindre l'homme. On me le montre. Il a repris sa garde. Il est accroupi, son fusil devant lui, le sac jaune à ses pieds. C'est un « gars de ch'Nord », de taille moyenne, noir de cheveux et de barbe, et de teint gris.

— Que diable êtes-vous allé ramasser à cent cinquante mètres d'ici, en dehors des trente jours de prison qui vous sont tombés dessus plus juste que les pruneaux de chez nous et de chez eux ?

— Ça.

— Qu'est-ce qu'il a de remarquable, ce sac allemand ?

— Ch'est pas le sac, hein ? mais le casque que j'ai mis dedans.

— Il est donc en or, ce casque ?

— J'avais parié que j'irais le chercher.

— Et le camarade qui tenait le pari est également puni ?

— Ch'est pas avec un camarade, ch'est avec mi femme.

Il est bien fou. Il me dévisage. Son examen m'est favorable, car il continue, sur un ton très adouci et confidentiel :

— Ils sont au pays, les Boches, hein ? Vous ne pouvez pas savoir ce que c'est... Qu'est-ce qu'on retrouvera, si on revient ? Encore, la maison... on la rebâtit... Mais... les gosses... ont-ils leurs mains ? Et la femme... la femme...

Il se frotte les yeux, comme pour effacer l'affreuse vision intérieure.

— Les Boches, eux, ils savent bien que nous sommes du Nord... Des fois, ils nous traitent de...

Le mot se refuse à sortir.

— Les vaches ! Depuis deux mois que je prends la tranchée, ici, tous les jours, je voyais le casque sur l'herbe. A des moments, il avait l'air d'un petit point noir... à d'autres, il grossissait comme une boule. Le cuivre de l'aigle brillait au soleil. Ça m'entrait plus loin que l'œil... En patrouille, la nuit, je l'ai cherché. J'ai jamais pu mettre la main dessus. Le lendemain, au jour, il était encore là, qui se foutait de mi. Hier soir... hier soir, je m'ai assoupi contre mi fusil. La lune montait. Est-ce que j'ai aperçu le casque sans m'en douter avant de dormir ? Ils l'avaient posé sur le ventre de mi femme, toute nue, le casque... Elle était couleur de cire.. pas une goutte de sang sous la peau. Elle bougeait pas. Elle me voit venir. Je vas pour l'embrasser. Hein ? Elle grimace et me dit : « Il est bien temps, sale lâche ! Regarde ce « qu'ils ont fait de moi et des enfants... » Mes trois gosses étaient dans le fond de la pièce. Ils agitaient leurs petits bras sans mains et ils avaient tout vu... Et elle se met à hurler : « Va-t-en ! Va-t-en avec tes cama- « rades, avec Alcide, avec Eugène (des amis « à moi, dont un il est mort aux fils de fer), « tas de lâches. Vous n'avez pas défendu vo- « tre pays et vous vous moquez de le repren- « dre... Et ti, t'es là, cloué... Avance donc ! « T'oses pas. J'parie qu' t'oseras même pas « retirer le casque. Lâche ! As-tu peur qu'un « Prussien soit dessous ? S'il y en a un, il « n'est pas d'âge encore à te nuire... » Je veux arracher le casque, alors, avec ce qui lui reste de force, elle le saisit et me le lance à la figure... Je m'ai réveillé.

Son front est perlé de sueur. Épouvanté et meurtri, il se plaint :

— Me dire ça, à mi, qu'on est des lâches !

Il sanglote. Assis à côté de lui, je le console de mon mieux. Secoué de chagrin, il ouvre le sac, en extrait le casque et me l'offre.

— Je ne peux pas accepter, mon vieux, il est à vous, vous l'avez bien gagné.

Il me répond :

— Maintenant, hein, cha m'est égal. J'y tiens pas. L'important, ch'est de ne plus l'avoir jour et nuit devant mi.

Il est calmé. Je le laisse en lutte avec le vent qui le gêne beaucoup pour allumer sa pipe.

Premiers Pas.

— Va toujours.

— Ce que ça glisse !

— Redresse ton flingue, tu m'crèves l'œil.

— Suis-moi.

— A droite ?

— A gauche.

— A gauche ?

— A droite...

La section s'engage dans le boyau. La voilà, enfin, la tranchée, dont l'univers s'entretient et qui caractérisera, si vive que soit la campagne de mouvement par quoi finira la tragédie, la grande guerre de 1914 ! Nous y sommes ! Nous entrons humblement dans l'histoire et malaisément, gênés par les musettes, écrasés par les sacs bondés de choses sans lesquelles nous pensons ne pouvoir vivre... Nous patinons sur la marne humide. Quand nos semelles se décollent du patouillis, la terre, qui paraît nous aimer au point de nous retenir par nos godasses, fait le bruit d'un baiser goulu... Elle nous aura bientôt, peut-être, et tout entiers.

Que de tournants ! Quand je bute ou dérape, le mur de gauche me renvoie au mur de droite, et je reprends l'équilibre.

— Halte !

— On y est ?

— Non.

Nous croisons une relève. Je m'aplatis contre le talus. Un éboulis de gravois me tombe dans le cou.

Mon ventre est donc si proéminent ! Quelle friction ! Les crosses râclent mes boutons. Les gamelles me coupent le menton.

— Ça va durer longtemps ?

— Encore deux sections.

J'étouffe. Aussi, quelle idée de « bleu » de colporter un bazar dans sa musette, et, sur les flancs, un étui à carte, une jumelle !

— En avant !

La relève a laissé un sillage de graisse figée et de fumée de bois. Et on tourne... tourne... J'ai le mal de mer. Il me semble que la galerie s'élargit. Je respirerais largement sans les courroies qui me brident les côtes... Je ne sais plus si nous tournons encore. La galerie, dont le bas est d'humus brun, le haut de marne claire, est devenue une gorge, un vallon, une vallée, une vallée dans un admirable paysage de montagne. Des glaciers ! Les hommes qui me précèdent sont des guides. Nous atteindrons le refuge avant le lever du jour. Mais ces cordes ! ces cordes autour des reins et sur les épaules, comme on me les a serrées ! Sans elles, le beau voyage !

— Halte ! Sur deux !

— Ouf !

Le gourbi serait confortable si nos prédécesseurs n'y avaient allumé un feu de branchettes mouillées dont la vapeur résineuse brûle les yeux. Nous couchons à deux mètres sous terre, sans doute dans un champ de betteraves, car une betterave a enroulé ses feuilles décolorées à une poutre du toit et renouvelle le mythe architectural de l'acanthe.

Je dormirais si un bruit du dehors ne m'intriguait. C'est tout près. Un cliquetis, un frissement de feuilles de chêne, ces castagnettes de l'hiver. Et du diable si un chêne a poussé dans ce labour ! A moins que les soldats n'aient fabriqué un petit moulin à vent. C'est exaspérant comme un radotage. J'ouvre la porte de tôle ondulée. Je monte les cinq à six marches de marne. Je me heurte à un tertre. On a enterré là un camarade inconnu. On a fleuri sa tombe. La bise fait grincer les tiges desséchées. Un éclair discret de ma lampe électrique me montre une croix en volige. Sur la hampe : « Chocol... », sur les bras : « Menier... »

C'était un clairon. L'instrument est accroché à la croix et la balle, qui a percé le pavillon, a arrêté le souffle des lèvres.

L'homme repose à peu près à notre niveau.

Je redescends. La bise secoue les fleurs mortes. Je crois entendre susurrer une prière interminable, ou sans cesse reprise, et je m'endors doucement, en me demandant si c'est le héros tombé qui nous garde, ou nous qui le gardons, et ce qu'il y a de plus solennel, de l'exemple qu'il nous donne, ou de notre serment de le venger ?

Pourquoi ils ne sont pas allés en permission.

Roland de G..., Georges F..., et Médéric P..., de la douzième Compagnie, ont déclaré au sergent-major, qui prenait les noms des permissionnaires, qu'ils renonçaient à leur tour de départ.

Ils avaient reçu chacun une lettre.

Roland de G..., celle-ci :

I

« Vous me dites, mon aimé, que vous vous apprêtez à venir en permission de six jours. Cette nouvelle m'a tellement émue que j'en ai été souffrante et suis à peine assez remise pour vous écrire. Il faut cependant que je trouve la force de vous demander... Écoutez-moi... Pardonnez-moi... Mon cœur est contre le vôtre. Vous en percevez les battements pressés, vous en comprendrez mieux le secret désir... Penchez-vous plus près, plus près encore, et dans le silence où mon angoisse me tient brisée, vous entendrez mieux ce que je ne saurai pas exprimer, ce qui me pousse à vous supplier de renoncer à la faveur dont nos héros sont l'objet :... supporter à la fois la joie inespérée du revoir et la cruauté d'un second adieu.

« Voici, prétendent les gens du village, qu'une année de guerre s'achève ce matin. Un an se serait écoulé depuis le jour où le père Noblet tambourinait sur la place de l'église, où l'abbé Letulle sonnait lui-même le tocsin, où le maire placardait l'affiche aux drapeaux croisés. En effet, les feuilles sont tombées des arbres, la neige a nivelé les massifs et les allées du parc; la neige a fondu,

les arbres ont reverdi. Une odeur de fruits
mûrs et de bois humides m'environne, la même qui emplissait les avenues lorsque vous
êtes parti d'un pas rapide, dont la dure ca-
dence résonne en moi indéfiniment. J'admets
que la vie de la nature ait continué quand
toute vie s'arrêtait pour moi. Un an ! Je ne
sais pas. C'est possible. Un siècle ! Je ne sais
pas... La chaîne des mois se referme sur le
vide. L'horreur m'a glacée, m'a faite pareil-
le aux statues que laissent indifférentes les sai-
sons qui passent, le soleil qui tourne, ou pa-
reille aux vieilles horloges qui ont cessé de
mesurer les jours parce qu'une seconde trop
lourde a cassé leurs rouages; à moins que
j'aie perdu la notion du temps parce que je
ne m'intéresse plus à sa fuite. On m'affirme
que c'est long un an de guerre... Est-ce long
ou bref ? Ma douleur est continue. Elle ne
connaît ni veille, ni lendemain. Les damnés
ne souffrent pas autrement...

« Or, la pire de leurs souffrances est d'être

ramenés un instant à la lumière pour retomber ensuite au fond de leur cercle de torture. La Torture par l'Espérance ! Vous vous rappelez, mon aimé, ce conte de Villiers de l'Isle Adam, que vous m'avez donné à lire quelques semaines avant la guerre ?... L'Inquisiteur reconduisant avec une douceur impitoyable, vers l'antichambre de la mort, l'homme auquel il avait accordé l'illusion de croire à la réussite d'une évasion ?... Depuis que vous m'annoncez la possibilité de venir en permission, je prête mes propres traits au supplicié du conte. Je vous saisirais ici même, pour que vous me soyez ravi par l'heure ? Pour que chacune des minutes comptées de votre présence m'atteigne d'un coup mortel ? Pour qu'entre nos baisers s'insinue l'amer poison d'un bonheur limité ?

« Quand l'horrible bruit de guerre a pénétré notre retraite, renversant le triple rempart de nos arbres magnifiques, des murs épais de votre château et de la protection de vos

bras, dans ces jolies pièces où naquirent, ai-
mèrent, moururent les vôtres, et où vous m'a-
vez installée en reine, au milieu d'une intimité plusieurs fois séculaire, quand j'ai compris, après la stupeur première, que je de-
meurais seule parmi ce passé, en face de toutes ces choses anciennes et précieuses, dont
il me semble que vous êtes le fils nécessaire
et parfait, l'esprit essentiel, le cher petit dieu,
j'ai manqué vous crier que je ne consentirais
jamais un tel sacrifice.

Ne vous en êtes-vous pas douté à ma pâleur
et peut-être à la dureté de mon regard, puisque vous m'avez offert, vous, le descendant
d'une lignée héroïque, de fuir n'importe où,
d'abandonner à jamais votre terre et de nous
créer, loin de la lutte, une existence nouvelle
et cachée ? Vous consentiez à votre tour, le
sacrifice de vos traditions familiales et de votre honneur de Français. Pouvais-je donner
à cette preuve d'immense amour une autre
réponse qu'un refus, dont la fermeté me va-

lut la plus ardente de vos étreintes ? Je vous ai fait embrasser votre plus récente photographie et le petit tabernacle d'or où je l'ai enfermée et qui repose jour et nuit sur ma poitrine. Je vous ai fait disposer sur les meubles de notre chambre les menus objets que maniaient quotidiennement vos doigts. Sur votre table de travail, la page que vous écriviez est encore étalée, la plume, où vous l'avez jetée, en entendant rouler le tambour. Personne n'entre, ni dans notre chambre, ni dans le studio, que moi. Je veux que vous retrouviez chaque chose ainsi que vous l'avez quittée, ainsi que vous y pensez là-bas, chaque chose intacte, immobilisée sous votre empreinte pour la durée de l'absence.

« Vous m'avez promis de revenir, votre sourire éclairait ma détresse et défiait la mort. Elle vous a épargné. Ah ! mon aimé, si elle s'autorisait de ce retour éphémère pour empêcher le retour définitif ! Ce retour, je l'espère, j'y crois ; cette certitude est ma raison de vivre. J'y puise ma force comme le croyant nourrit sa semaine de la communion dominicale et conforme ses actes à la dignité de recevoir l'aliment spirituel. Vous vous êtes arraché de moi. Vous m'avez laissée, l'âme sanglante, dans un désert absolu... Je n'ai pas seulement permis que le devoir national me volât mon trésor, j'ai voulu encore que vous eussiez la tranquillité qui allège la tâche périlleuse, je ne vous ai jamais parlé de ma solitude misérable et vous avez réussi à me faire sourire en me disant que mes lettres, d'une noblesse bien française, étaient l'expression même de « l'autre courage », le courage de ceux qui attendent ! Combien il me fut doux d'être associée par vous à votre jeune gloire enthousiaste, après votre citation et la remise de la Croix de Guerre ! Vous vous trompiez pourtant, mon aimé, en m'assurant que mon héroïsme de femme vous « donnait des ailes »... Non, je ne vous aidai pas à sauter de la tranchée. Je me reconnais seulement le mérite de n'avoir pas entravé votre élan par mes craintes et mes lamentations. C'est tout.

« Mais cet événement fut une halte de mon calvaire. Je rouvris les persiennes du grand salon pour voir la figure que feraient vos ancêtres militaires à cette nouvelle. Un soleil de printemps bondit sur le parquet avec un jaillissement de poussières remuées. Dans leurs cadres vermeils, ces braves souriaient, étalaient avec complaisance, sur leurs cuirasses, leurs pourpoints ou leurs dolmans, des écharpes, des croix, et je haussais les épaules devant cette exposition de thorax décorés, car ces gentilshommes jouaient gaiement de l'épée en de courtes batailles, tandis que mon mari à moi combat pour un austère idéal dans une lutte gigantesque, si longue, si sombre, si laide ! Je songeai qu'un jour la petite Croix de Guerre, sur une humble capote, éclipserait les brillants uniformes et que là encore, mon aimé, vous seriez la plus belle page de toute une histoire en portraits... Supérieur par la résignation et l'obstination splendides, maître surtout par la nature de l'holocauste... Car ceux-là, des régimes défunts, ignoraient aussi bien les rigueurs de combats sans merci que la profondeur d'un amour comme le nôtre. Le don de soi-même n'était complet, ni dans les ruelles, ni dans les camps. La passion des armes s'exerçait sans regret, et il était naturel que les dangers amusants des chevauchées alternassent avec les tendresses à fleur de peau des unions faciles... Vous vous souvenez de ces gravures jumelles dont votre vieil oncle de G... tirait un certain orgueil de collectionneur : « L'Amour le cède à la Gloire», « La Victoire le rend à l'Amour » ?....

« Heureuse époque ! Que je souhaiterais être aussi ridicule que la femme du guerrier près de la harpe dont elle caressait les cordes, en confiant à « l'aile de Zéphire » la romance favorite de son belliqueux époux !

« Chez nous, le piano est muet. L'orgue ressemble à un grand bureau de notaire en faillite. Le poids d'une anxiété sans précédent m'écrase. Quoi d'étonnant à ce que notre révolte de femme contre l'aumône d'une permission de six jours réponde à l'effort de patience qu'on exige de nous !

« Ils n'aiment pas, ils n'ont jamais aimé, ceux qui ont décrété cette belle mesure ! Pour préparer la classe 1935 ! Pour permettre aux usiniers, aux hommes de loi de régler leurs affaires ! Soit ! Mais qu'on ne nous raconte pas, avec des tremblements de voix, qu'on a tout prévu, jusqu'aux exigences sentimentales !

« Nous sommes ici cinq femmes de mobilisés. Deux sont veuves, des trois autres, deux ont revu leurs maris permissionnaires.

« Chez les Mignot, on ne cessa de boire. De leur bicoque sortaient des braillements patriotiques, qui s'éteignaient le soir, sous la table où ces brutes passaient la nuit. Quant aux Bricou, je les ai rencontrés plusieurs fois, et, chaque fois, ils se promenaient, hébétés et silencieux, lui, d'un long pas fatigué, elle gênée de ses bras ballants ; un matin, ils se sont assis sur le talus de l'avenue, près de moi, sans me voir. Pendant les deux heures qu'ils sont demeurés là, lui, frappant la mousse avec une badine, elle, bâillant et s'étirant, ils ont à peine parlé, et pour s'entretenir d'insignifiants potins du pays. Le désœuvrement les décontenançait. Ils avaient l'air, la tête vide, d'attendre un train... Je les ai rejoints et félicités. Lui m'a répondu sans conviction :

« — Ça fait plaisir.

« Elle a ajouté lourdement :

« — Bien sûr...

« Et prise de pitié pour ma solitude :

« — J'espère que ce sera bientôt le tour de Monsieur le comte.

« Elle m'eût traitée de folle si je lui avais dit que moi, la cinquième femme de mobilisé du village, je ne reverrai mon mari qu'après la paix, ou je ne le reverrai plus !

« Non, non, je ne veux pas qu'il revienne haletant, qu'il traverse en courant le temple où règne divinement son souvenir. Je ne veux pas d'une apparition qui troublerait la grandeur mystique de l'attente. Je ne veux pas d'un fantôme d'aimé, d'un mirage de joie... Ce serait mentir à votre promesse, tenter la fatalité... J'ai peur, j'ai peur...

« Ah ! une seconde fois, sentir approcher l'heure de la séparation, entendre gronder le chemin de fer au bas de la côte ! Une seconde fois, vous voir tourner l'allée des cèdres... Mes yeux se fermeraient à jamais d'avoir perdu la vision de votre haute, de votre chère silhouette... Je tomberais, mon aimé, pour mourir la bouche collée sur les feuilles foulées par vos pas, et qui, lentement, une à une, se redressant avec un petit craquement, en effaceraient la trace... »

Roland de G... n'a pas quitté sa tranchée,

bien que le vaguemestre, deux jours après, lui ait remis ce billet :

« Brûlez ma lettre d'hier. J'étais folle. Je n'ai songé qu'à moi. Mais il n'y a pas que moi, ici... Il y a le calme de la campagne, l'eau claire de vos sources, le lait pur de vos fermes, un vaste lit qui sent la lavande, des murs qui n'ont pas oublié les refrains berceurs de votre nourrice. Et tout cela vous prépare un repos qui vous sera précieux... »

II

Et Georges F... cette autre :

« Mon pauvre Georges, c'est moi qui ai ouvert la lettre annonçant votre prochaine arrivée. C'est moi qui, depuis avril, reçois votre courrier et y réponds. Georges, vous avez compris ! Soyez courageux... et ne m'en veuillez pas d'avoir été faible, devant votre malheur, au point de m'être substituée à celle que vous pleurez maintenant avec moi !

« L'affreuse chose est survenue le 31 mars. Rien ne pouvait faire prévoir cette catastrophe. Ma sœur était vaillante. Elle me donnait bien des témoignages de sa confiance en l'avenir.

« Pendant nos longues causeries, nos promenades, elle me reprochait d'être triste. Elle souriait. Elle m'encourageait. Le faisait-elle pour s'entraîner elle-même au courage, ou parce qu'elle puisait sa charmante énergie dans la vôtre ? Étiez-vous sincère ? Qu'importe, mon pauvre Georges, si vous parveniez ainsi à vous dissimuler l'un à l'autre votre profonde angoisse ?...

« Un soir, elle eut de la fièvre. Le lendemain, elle se plaignit de vives douleurs abdominales. J'ai couru de tous les côtés à la recherche d'un docteur. Mais les civils n'ont plus le droit d'être malades ou convenablement soignés. On ne laisse à ceux qui restent que de vieux médecins fatigués. Il aurait fallu, j'en suis persuadée, une intervention chirurgicale immédiate. On s'est contenté d'appliquer de la glace, de venir trois fois par jour, de soupirer... et moi, épouvantée, je suppliai d'agir, je téléphonai en vain à une clinique parisienne, à des chirurgiens sans doute aux armées ; car la poste m'avisait « qu'on ne répondait pas ». Je vous assure que votre pensée me dominait. Je crois pouvoir, devant Dieu, affirmer que j'ai tenté l'impossible. Plus tard, je vous dirai tout. Sachez aujourd'hui qu'elle m'a suppliée, à maintes reprises, de vous cacher la vérité jusqu'à la fin de la guerre, que ma promesse d'accéder à son suprême désir adoucit ses derniers moments et que son souffle s'envola avec votre nom. Sachez encore que j'ai prié à genoux le Général, qui commande le Dépôt d'ici, de vous autoriser à venir quand il était temps encore, et que cet homme, si bienveillant qu'il fût, m'a congédiée ; car rien au monde ne légitimait alors le rappel du mobilisé.

« Ma sœur repose sous les fleurs que je renouvelle chaque matin.

« Que faire ?... Il eût mieux valu que je vous prévinsse sans tarder; car je considérais comme irréalisable de tenir la promesse consentie, et puis, ne devais-je pas à la sincérité admirable de votre amour pour elle de vous écrire la vérité ? J'ai griffonné vingt brouillons que j'écrivais avec le sang de mon cœur déchiré. J'ai jeté les essais les uns après les autres. Pourquoi... Parce que je vous voyais, dans votre tranchée, ouvrant l'enveloppe et pâlissant et tombant sous le coup que je vous portais. « Ma main devenait lourde, je me suis évanouie trois fois. Aviez-vous là-bas un camarade, un vrai frère d'armes, qui vous soutînt et contre la poitrine duquel vous puissiez pleurer sans contrainte ... Votre image crucifiée se dressait entre mon front et le papier que je mouillais de mes larmes. Je me suis figuré que vous chercheriez à la rejoindre en courant à une mort certaine et que vous vous feriez tuer dans un élan désespéré. J'ai obéi à sa prière.

« Il n'y avait pas d'autre moyen que de perpétuer dans la fiction l'échange de vos tendresses. J'aurais mené ce jeu tragique jusqu'au bout, la guerre durât-elle des années, si la mesure dont vous devez bénéficier ne m'obligeait brusquement à rejeter le voile. Oh ! Georges, Georges, quelle révolte de votre droiture égarée n'éprouvez-vous pas maintenant de cette révélation ? Je m'incline devant votre peine et votre blâme. Je m'incline, Georges, mais je m'excuse :

« Quand le médecin m'a déclaré qu'on ne pouvait conserver aucune lueur d'espoir, je vous ai écrit que Lucienne venait de se casser le bras et serait empêchée de correspondre pendant un mois. Tantôt, je vous donnais directement des nouvelles, tantôt, j'écrivais sous sa dictée... Vos lettres s'accumulaient et je ne me résignais pas à les lire. C'eût été ajouter la profanation au mensonge. Or, vous avez envoyé des cartes ouvertes où vous vous plaigniez de ne pas avoir reçu différents colis que vous demandiez, et où vous faisiez allusion à plusieurs points demeurés sans réponse. Je craignis vivement que l'inquiétude, qui aide tant à la divination du malheur, n'éclairât votre esprit d'un soupçon terrible. Alors, je me décidai, non seulement à décacheter vos lettres, mais encore à signer les miennes du nom de votre femme. J'attribuai le changement d'écriture à la maladresse du bras à peine remis.

« Sachez encore, Georges, que la lecture de vos lettres et la composition des miennes avaient lieu au cimetière, parmi les fleurs, où flotte son âme immortelle, et qu'ainsi, me semblait-il, d'autres yeux que les miens lisaient vos pages, une autre main que la mienne traçait celles que je vous adressais. J'étais placée entre un amour toujours vivant et un souvenir d'amour. J'étais l'intermédiaire, en quelque sorte sacrée, à qui incombait le soin de dépouiller un courrier que, par delà mes yeux humains, déchiffraient des yeux ouverts aux clartés éternelles; je devais me faire l'écho, pour un cœur qui bat encore, des sentiments d'un cœur qui a cessé de battre. Cette mission, Georges, je l'ai accomplie d'abord avec une absolue impersonnalité. Vraiment, je n'étais rien de plus que le fil où vibrait le dialogue ininterrompu de vos pensées. Peu à peu, au tour heureux et dégagé de vos réponses, j'ai senti que mon mensonge journalier avait sa justification. Vous plaisantiez, il me fallait sourire. Vous avez dit « Jamais tu n'as été aussi gaie. Tu ne saurais croire de quel secours m'est un tel gage de quiétude ». Ainsi, je vous étais inutile ! Je faisais plus qu'entretenir une fiction indispensable à votre santé morale, je vous donnais du bonheur ! Un peu de fierté m'en arrivait. Je réprimai ce mouvement indigne du rôle assumé. Cependant, puisque l'enjouement d'une lettre détendait vos pauvres nerfs excédés, j'adoptai le mode plaisant ! Une autre raison m'y déterminait aussi : la crainte d'avoir à répondre sur un autre ton...

« Je n'y ai pas répondu; c'est moi, sans m'en douter, mon ami, qui l'ai abordé. Oh ! d'une façon bien fortuite et bien simple... Vous décriviez une attaque de tranchées. Votre récit était si vigoureux, si coloré, que j'ai tremblé de tous mes membres. Vous faisiez, en ne parlant pas de vous, si noble figure de héros, au milieu du combat, que, pour la seconde fois, j'ai rougi de fierté. Je n'ai pas cherché à éteindre cette nouvelle flambée d'orgueil, parce que j'avais enfin le droit d'être fière.

« Là-haut, entre les croix, j'ai lu et relu votre récit. Le couchant illuminait les tombes ; pierres, feuillages et fleurs, tout trépidait sous les rayons ardents. Des oiseaux chantaient éperdument, des cloches tintaient à toute volée. C'est dans cette lumière, dans ce bruit, dans ce frémissement de résurrection, que je vous ai écrit quelques lignes fiévreuses : elles ont provoqué votre cri : « Je ne croyais pas éveiller en toi une émotion si intense, ni recevoir de toi un mot si frémissant ! Comme je suis dédommagé de ma fatigue ! » Et vous terminiez par une « grêle » de baisers brûlants sur « ses » lèvres...

« J'ai été bouleversée. Je n'ai pas eu la force de reprendre la plume pendant quatre ou cinq jours. Tourmenté par ce silence, vous avez écrit, à moi, plusieurs cartes qui me suppliaient de vous donner des nouvelles exactes. J'ai prétexté la lassitude de ma sœur pendant quelques jours... après quoi, j'ai signé à nouveau mes lettres de son nom.

« J'arrive, Georges, à un aveu, à un aveu pénible pour moi, autant que pour vous atroce, la révélation de la vérité, de toute la vérité. Quand vous avez écrit que : « Jamais ton « amour n'a trouvé d'expression plus pro- « fonde », j'ai été la première victime de ce jeu adorable et cruel... Puissance et danger de ces mots pleins de feu... Entre moi, qui n'avais jamais aimé, et vous, le seul que je ne devais pas aimer, au-dessus du gouf- fre où venait de tomber votre bonheur, à votre insu comme au mien, je le jure, mon pauvre cher absent, prenait forme je ne sais quel monstrueux plaisir... Et vous exultiez : « Je t'ignorais. Il fallait la guerre « pour déceler ce que tu gardais jalouse- « ment en toi de trésors de sensibilité ». J'osais à peine parcourir, les yeux troublés, vos billets et pourtant, voyez, le texte en est gravé au fond de mon âme. En ce mê- me temps, je vous découvrais tel que vous êtes et m'apercevais que, de mon côté, je vous ignorais complètement !

« Je partageais les anxiétés de ma sœur. Je partageais en sœur, plus soucieuse peut-être encore du tourment de votre femme que de vos propres misères. Depuis Avril, n'ayant, hélas, plus rien à partager, je ressentais pour moi-même... et doublement. J'avais pris la place de Lucienne à la fenêtre, pour guetter le facteur et, de jour en jour, la barre de bois du balcon me renvoyait, plus fort, le choc de mon cœur, quand le piéton tournait le coin de la rue... De plus en plus vite je courais à travers l'escalier. Et le soir, à l'heure où je vous savais de garde, face à l'ennemi, sous le froid, je pleurais comme elle pleurait, je me tordais les mains comme elle tordait les siennes; comme elle, je cherchais inutilement le sommeil ; comme elle, autant qu'elle, je souffrais... autant, Georges, si ce n'est davantage... puisque vous affirmiez : « Tu ne m'avais pas encore aimé

« ainsi !.. »

« Dieu vient d'imposer un terme à cette équivoque.

« Il n'a pas permis que la charité, au nom de laquelle j'agissais d'abord, aidât au développement d'un sentiment coupable. Il a voulu que vous fussiez averti par moi-même, et du deuil qui nous frappe, et de l'abus que je commettais de votre fausse sécurité.

« C'est encore à sa volonté que j'obéis en vous promettant de n'ajouter quoi que ce soit à cette confession, si ce n'est, Georges, l'assurance qu'ayant épuisé, en quelques semaines, ce qu'une âme de jeune fille peut tenir de chagrin, de pitié, d'enthousiasme, de fol espoir, je ne demande à la vie que d'en conserver une mémoire attendrie et discrète. »

III

Et Médéric P..., cette dernière :

« Mon bon Médéric,

« Vous allez être surpris de voir mon écriture, évidemment bien surpris. Ne soyez pas tourmenté; car, si ce que j'ai à vous annoncer est sérieux, grâce à Dieu, la santé de votre chère femme n'est pas en danger. Il s'agit d'autre chose, mon bon Médéric, et je fais appel à votre sagesse et aux sentiments chrétiens que je me flatte d'avoir cultivés en vous, au temps déjà lointain où vous suiviez mon catéchisme. Le Seigneur vous a donné un brave cœur et si je vous ai vu parfois un peu enclin à l'emportement, j'ai eu aussi plaisir à constater que vous saviez toujours réprimer ces mouvements inconsidérés. Depuis douze ans, vous servez le même patron, un homme d'ailleurs plein de qualités, et voilà qui est à l'éloge de l'un et de l'autre. Je sais que vous vous conduisez avec honneur dans les tranchées et que vous accomplissez votre devoir de soldat ainsi que le commande le salut de la patrie.

« Puisque vous acceptez d'une âme vaillante le sacrifice que la France exige de vous, j'ai la certitude que vous vous soumettrez avec résignation à l'épreuve que le Seigneur vous envoie. Mon bon Médéric, votre malheureuse femme a eu un instant d'égarement. Dans un aveuglement, dont elle conçoit un remords qui suffit déjà à l'absoudre, elle a méconnu ses devoirs d'épouse.

« Ne cherchez pas, dans la colère passagère qui va s'emparer de vous, et que vous allez aussitôt chasser de votre cœur par une courte prière, le nom de celui qui partagea la faute. Vous ne le connaissez pas. Il n'habitait pas le pays avant votre départ. Il n'est d'ailleurs plus ici depuis deux mois.

C'était un réfugié des régions du Nord, un pauvre homme privé de foyer qui travaillait à la ferme Laurent. Votre femme et lui se retrouvaient chaque jour occupés au même labeur, et, comme vous manquiez pour bien des petites tâches de la maison, il venait chez vous et vous remplaçait pour faire la boisson, casser et ranger le bois, tenir en ordre le cellier, bêcher le jardin ; enfin, en toute chose où vous étiez si nécessaire.

La vie continuait chez vous sans trop de peine pour votre femme. Aussi, rien ne manqua dans le foyer que vous aviez abandonné, mais qui n'est pas comme celui de cet homme, aux mains de l'ennemi. A voir l'ordre qui y régnait, la belle tenue du potager, l'abondance des légumes, on n'aurait jamais cru que le maître de cette coquette chaumière fût à la guerre. Les pommiers de votre cour étaient, à l'automne, chargés de fruits, et sans l'aide du réfugié, les pommes auraient pourri au pied des arbres. Aussi, votre femme pouvait-elle mettre intégralement de côté, sans compter ce qu'elle gagnait chez les Laurent, l'allocation du gouvernement. Elle n'a pas souffert, comme tant d'autres, de la privation des bras du mari; elle n'a pas eu la tristesse de regarder, impuissante, péricliter tous les biens si chèrement acquis !

« Certes, je n'étais pas sans inquiétude sur cette fréquentation journalière. L'homme, naturellement, prenait assez souvent des collations et des repas chez vous. Il s'asseyait à la table où vous vous asseyiez avant la guerre. Evidemment, évidemment, il y avait là un danger. C'était le revers de la médaille. Mais je croyais à la **vertu de votre femme** et à l'honnêteté du réfugié. Je les supposais au-dessus de tout soupçon. Je comptais, il est vrai, sans les circonstances, et sans l'état d'esprit bien particulier qu'elles suscitent un peu partout.

La **guerre** est un grand bouleversement.

Elle ne désorganise pas seulement tous les services d'un pays, et toutes les habitudes, même de ceux qui sont très éloignés du front, elle apporte un trouble profond dans les consciences. Bien des personnes, que je tiens pour raisonnables, profèrent des propos si insensés que je ne les reconnais plus. C'est le principal péril de la situation actuelle de retourner sens dessus dessous les individus et de permettre ainsi aux tentations du mal de prendre sur eux un empire puissant. Il faut, pour conserver son équilibre au milieu du désarroi général, ou être très sûr de soi, ou élever sans cesse sa pensée vers le ciel. Je croirais volontiers que votre femme, absorbée par les occupations du ménage et des champs, a trop oublié ce précepte. Elle s'en accuse aujourd'hui avec contrition. Elle a cédé à la tentation et elle est bien punie !

« Je vous dirai, mon bon Médéric, pour votre consolation, que si votre femme est loin d'être la seule, hélas ! à avoir commis cette erreur, cette grave erreur, elle est sans doute la seule à manifester un repentir si touchant. Ce repentir doit vous convaincre qu'à votre retour vous pourrez reprendre une vie aussi heureuse que par le passé. Vous êtes le maître de votre bonheur. Il ne dépend que de votre bonne volonté et de votre pardon. Je me porte garant que l'une et l'autre ne feront pas défaut.

« Votre femme, en recevant l'annonce de votre prochaine arrivée, est venue me trouver dans un affolement bien explicable, allant jusqu'à prétendre qu'elle se jetterait plutôt dans le puits ! La malheureuse ! Elle m'a prié de vous faire l'aveu de sa faute ; je viens de m'acquitter de cette charge pénible. Je vous ai reproduit ce qu'elle a confié, non pas au tribunal de la pénitence, mais au cours d'une visite spontanée, au guide moral que le prêtre doit toujours être.

« Mon bon Médéric, elle préfère que vous

ajourniez, si possible, votre venue. Je partage son avis ; car une émotion violente pourrait être fatale, non seulement à l'enfant qu'elle porte en ses entrailles, mais à elle-même.

« Je suis certain que vous écouterez les conseils de votre vieux pasteur ».

« Monsieur le Curé, je fais réponse à votre estimée. Je ne viendrai pas en permission, parce que, si ma femme ne s'était pas jetée à l'ieau, c'est moi qui l'y flanquerais... »

Ainsi écrivait, de sa tranchée, Médéric P..., après avoir cassé trois fois la pointe de son crayon.

L'Obus.

———

Sur le terrain marécageux de nos seconde
et troisième lignes, beaucoup d'obus sont
tombés sans éclater. Ils sont tombés en faisant floc au lieu de faire branng ! Ils sont des
choses très coûteuses qui se rouillent. L'herbe
les cache à demi, les insectes se promènent
sur leurs dos honteux. On dirait les bouteilles
abandonnées d'un pique-nique. Ils ont eu
leur minute de gloire. A la sortie du canon,
ils ont cru éborgner le soleil, tant leur allure
était rapide et hardie. La terre s'éloignait
d'eux sans espoir de retour. Ils étaient le bo-
lide, l'astre errant, la comète qui, d'un coup
de queue, pulvérise un monde. La glace des

hautes régions fondait sur leurs cuirasses brûlantes. Les oiseaux, effarés, fuyaient devant le sifflement dont retentissait l'azur.

Puis la course à l'assaut du ciel s'est ralentie. Et la terre est revenue à eux aussi vite qu'elle s'était dérobée. Leur emphase se change en haine. Ils vont, tête baissée, la panse gonflée de colère, sur un point déterminé du sol, sur une cour de ferme, sur une armée de fourmis humaines qui transportent des planches. Les fourmis, inquiètes, regardent en l'air, lâchent les planches, se terrent. Un groupe considérable est à gauche, un convoi à droite. Impossible de les atteindre. Rage impuissante... Être l'esclave d'une force qui vous a jeté comme un défi au soleil et vous dirige sur un tas de fumier ! Avoir au moins la satisfaction de se venger en creusant un cratère, en renversant un mur, en criblant d'acier portes et plafonds ! Mais non ! Faire floc, dans du purin !

Ce fut le sort de la marmite allemande

que je vois chaque fois que j'accompagne la corvée d'eau à F...

— Elle a chu su la mâlière. Elle allait r'trouver les boches qui marinent d'dans. Elle a l'air d'un morceau de ciboulot ».

L'observation de mon caporal est judicieuse. La marmite était peinte en rouge. Les pluies ont lavé la peinture, et la rondeur rose de l'ogive qui, seule, émerge du fumier, rappelle le front de Bismarck.

« Il y a des moments où je voudrais être « une bombe, pour éclater et tout briser au- « tour de moi » confessait le même Bismarck.

Le comité jeune teuton : « Sadisme et Méthode », nous a coûté l'Alsace-Lorraine, nous coûte aujourd'hui mille fois davantage. Or, le destin des pangermanistes est semblable à celui de ce 210. Ils sombreront sous cent pieds de crotte... Mais qu'on n'arrache pas la pancarte sur laquelle une main prudente a griffonné « dangereux ».

De quoi donner à réfléchir à l'inévitable

myope-utopiste-humanitaire, qui, par amour de Kant et d'Hegel, serait tenté de dégager les crânes bourrés de trinitrotoluol.

Pourquoi ils se sont engagés.

———

I

« Madame,

« Votre lettre est venue me chercher dans la tranchée. Je suis au front depuis un mois.

« Je vous entends : « Vous ? ». Oui, moi, un autre, plutôt, car je n'ai plus qu'un rapport lointain avec l'ami que vous avez connu. Je vous sais gré de vous inquiéter de mon long silence, et j'imagine qu'en soulignant le « faire suivre » de l'enveloppe, la plume conduisait votre pensée vers Hendaye.

« J'ai quitté ma propriété basque au début de l'année, après l'avoir aménagée pour y recevoir des convalescents. La terrasse, dont le jusant baigne les soutènements moussus, et où vous m'avez fait l'honneur d'aimer les couchers de soleil sur la Rune, est couverte d'un sable fin qui empêche les béquilles de glisser. Des fauteuils d'osier attendent, sous les palmiers et les rosiers grimpants, les éclopés las, les pauvres petits gars mutilés qui réapprennent à vivre.

« J'ai confié la direction de ce minuscule hôpital à votre portraitiste Charvey, qui en profite pour réparer des organes affaiblis par une opération récente. Je n'ai pas voulu d'infirmières. Je vous entends encore : « Vous ? » Oui, l'amoral, que vous plaisantiez avec quelque mépris, a interdit à la femme l'entrée de son sanatorium. Vous vous récriez : « Som- « mes-nous si dangereuses ? ». Vous êtes incomparables quand vous vous penchez sur les blessés qui gémissent et aidez les chirurgiens à refermer les plaies saignantes; seulement, si vous ne ménagez pas assez vos forces dans votre tâche de guérisseuses, vous n'avez pas toujours le courage de vous désintéresser à temps de vos malades.

« Je ne parle pas des romans vulgaires d'ambulances, de la fatale jeune fille attirée par de malsaines curiosités. Ce que j'ai voulu éviter, c'est le réveil de la sentimentalité sous le rayonnement de votre tendresse, c'est votre influence de pitié ardente sur des hommes épuisés. Oui, Madame, « l'amoral » a pensé à celles qui espèrent et ne savent pas quel sacrifice il leur faut encore consentir, ni quel autre danger court l'aimé, fils, fiancé ou mari, quand, après avoir risqué mille morts, il voit, dans la quiétude où s'abrite sa faiblesse, renaître le monde au fond d'un regard tour à tour mouillé de larmes ou dévorant d'admiration.

« J'ai tenu à n'entourer mes résurrections que de la limpidité de nos nuits parfumées et du refrain monotone, doux comme une santé revenue, que chante le double flot de la Bidassoa. Je me suis assuré que mes « élèves », là même où je reposais mes fatigues sans gloire et demandais au paysage la faveur d'oublier, boivent avidement les arômes de la montagne et de la mer. Rien ne trouble la pureté de leurs rêves. Je les renvoie chez eux, marqués d'héroïsme et calmes.

« Vous souriez d'une fantaisie qui vous paraît du dernier paradoxal... Ne croyez pas un instant que ce soit là divertissement de désœuvré, ou passion de diable en quête d'ermitage... L'avenir tracera des soldats de la Grande Guerre des silhouettes immortelles. A côté des volontaires de 93, haillons et sabots, nos Poilus défileront avec leurs cache-nez, leurs pantalons de velours, leurs grosses barbes et leurs grosses pipes. Mais il y a du Parsifal en chacun d'eux. Leur résolution ressemble à un vœu. La durée de la lutte les contraint à une sagesse qui est la plus belle de leurs qualités, et, le soir, quand un reflet s'accroche à la pointe des baïonnettes, je songe à la lance du chevalier wagnérien. Joffre s'appelle Gurnemanz. Je fredonne les thèmes du drame. Je commets le sacrilège de m'émouvoir en évoquant la musique du vilain vieux boche de Bayreuth. Alors, je me réjouis de l'initiative que j'ai prise de protéger mes pensionnaires contre les tentations qui terniraient l'éclat de leur belle jeunesse retrempée au creuset de la souffrance. Vous comprenez, maintenant ? Vous me répondez du bout des lèvres : « Très « amusant ! ... » et vous ajoutez que cela n'explique pas mon départ.

« Attendez !... Alors que mon âge me permettait de vivre loin des camps et que la surveillance de mon hôpital me sauvait de l'inaction, je n'ai pas été poussé à m'engager par un de ces désenchantements toujours à redouter aux approches de la cinquantaine. J'y ai été amené par la force des choses. Pour vous, je vais essayer d'ordonner mes souvenirs. J'éprouve une réelle difficulté, car le canon, qui tonne sans cesse, bouscule mes idées et secoue ma main, encore nerveuse. Vous savez quelle est mon horreur du bruit...

« Je m'aperçois en outre que je commence une confession générale. Je rougis malgré moi. Rien de sot comme un homme dont la pudeur s'effarouche devant une femme. Vous me serez indulgente, n'est-ce pas ? Et si vous apprenez ma mort, vous ne hausserez pas les épaules en soupirant : « Qu'allait-il faire en « cette galère ? » Vous relirez, pour le repos de mon âme, et méditerez, juste le temps qu'il vous conviendra d'accorder à la mémoire de votre ami respectueux, le document humain que je griffonne sur mes genoux.

« J'étais à Paris, le jour de la mobilisation. Je me suis mêlé à la foule. Aucune manifestation tapageuse. La dignité du peuple m'enseigna que le conflit dépasserait en ampleur tous les précédents et que, si une solution n'intervenait pas, rapide, nous aurions à subir une campagne gigantesque. Après la marche foudroyante de von Kluck, arrêtée par la victoire de la Marne, qui prouvait notre vitalité, la construction des retranchements me sembla préluder à une nouvelle Guerre de Cent Ans. Découragé, je bouclai ma valise et gagnai la Suisse.

Les Suisses, jaloux de ne pas favoriser les désirs de conquête de leurs voisins, me sont très sympathiques. On déchire les chiffons de papier, on ne viole pas les montagnes. Entre leurs murs de glace, l'air est libre et léger. Je n'ai jamais franchi la frontière suisse sans une joie de potache en vacances. Cependant, en octobre dernier, malgré la fine lumière qui dorait les ravins et le velours des pâturages où les animaux et les chalets sont posés comme des jouets, j'étais triste. Je laissais derrière moi trop d'angoisses pour jouir de la quiétude millénaire du canton de Berne. J'ai à peine séjourné à Berne. Tout m'y rappelait trop la guerre qu'on discutait à chaque coin de rue. La guerre ! Elle défigure jusqu'aux cités neutres. Elle y souffle sa brûlante haleine. Elle y répand la malaria. Des citoyens hurlent, grimacent et gesticulent, qui menaient auparavant une existence mesurée. Elle fausse jusqu'aux traditions, jusqu'au sourire des statues dont le reflet s'agite sur le miroir bouleversé des fontaines... La guerre ! J'étais le monsieur qui la fuit, et j'aurais dépêché au diable ces gens que me demandaient « ce que j'en pensais ». Un pasteur, plutôt francophile d'ailleurs, m'interrogea : « Il faut « que cela aille vraiment mal en France pour « que vous vous établissiez chez nous ? »

« Le lendemain, je m'installai près du lac de Thoune.

« C'est en réalité, de la bataille de l'Yser et des relations qui m'en arrivaient, que date l'évolution dont, coiffé aujourd'hui d'une bourguignotte, j'attends calmement le terme. Sur l'Yser, l'Allemagne a foncé, brutale et stupide, comme un buffle ; elle a lancé ses légions, ainsi qu'une machine de guerre, contre des effectifs grêles par le nombre, géants par la bravoure. Corps à corps fabuleux ! Du

Commines illustré par Gustave Doré, et vécu par nos Bretons et les Belges ; quelque chose de trop prodigieux pour être vraisemblable, un choc entre la Force et la Volonté, qui relève de la Légende et appartient à l'Histoire. Nous escomptons d'autres batailles à résultats directs, et la victoire, qui nous rendra les régions envahies, sera célébrée comme Valmy; mais la noblesse de l'immense épopée est apparue en Flandre et auréole les béguinages en ruines de Dixmude.

« Aussitôt, l'Oberland sombra dans le lac couleur d'encre. La grâce du décor agreste s'évanouit. La solitude me devint insupportable, et je dus m'avouer que je ressentais quelque orgueil d'être fils d'un pays qui magnifiait la guerre et possédait le secret d'en faire jaillir de la beauté.

« Une semaine après je quittai la Suisse. France méconnaissable ! Dans les gares, dans les parcs des châteaux que longent les rails, à Paris, des blessés et des infirmières, comme si le labeur de charité dominait l'activité meurtrière. Au passage des mutilés, je m'arrêtais et me retournais, cherchant en vain sur leurs traits pâlis la terreur de l'enfer qu'ils avaient traversé. Je me ruinais en cigares distribués au hasard des rencontres, pour retenir un moment sur moi la lueur de ces yeux qui avaient vu la mort, pour ne plus être le piéton indifférent qui va du restaurant à son cercle.

« Un matin, j'escaladai les cinq étages de l'atelier de Charvey. Voûté, les cheveux longs et négligés, il tapotait de ses doigts maigres le poêle ronflant. Il me cria :

— Rien, mon bon ami, rien... Vidé ! Impossible de travailler, je suis ligoté. Une ficelle autour du cœur. Des mains en caoutchouc. Une tremblote incessante. Je n'ouvre plus un journal, je me bouche les oreilles pour ne pas entendre les rumeurs de la rue. L'épouvantement m'annihile. Je suis un incapable, un inutile... J'ai songé au suicide.

« Je lui proposai de collaborer à la création de mon dépôt de convalescents. Il se jeta dans mes bras en sanglotant.

« Nous partîmes ensemble. Il retrouva, durant le trajet, son optimisme débordant du début de la guerre. A Tours, il avait déjà construit une escadre d'avions invisibles qui réduiraient en cendres Essen; en poudre, le monument de Leipzig. A Angoulême, il découvrait la formule d'un feu d'artifice asphyxiant pour attaques de nuit. A Bordeaux, il disposait d'un obus réfrigérant, destiné à congeler la « grande et sainte Cologne ». A Hendaye, il négligeait ces inventions pour se consacrer sans réserve à la transformation de la villa. Il me soumit, dès le lendemain de notre arrivée, des plans et des croquis savoureux. Il s'exclamait :

— Ont-ils ça, en Bochie, pour leurs blessés ? Guérir par le spectacle quotidien d'un paysage divin, le contact journalier de jolis objets... Le souci du goût, de l'élégance discrète, jusque dans un dépôt de blessés ! Est-ce assez français ?

« Et comme je lui faisais observer que ses crayons étaient viennois, il riposta en pirouettant :

— Mais, mon vieux, dans six mois, nous nous chaufferons avec leurs graphites !

« Je dois à son enthousiasme une installation modèle. Si minutieuse, cependant, qu'ait été la préparation, la venue des premiers soldats nous enfiévra comme celle des amis qui déboulent, à minuit, de trois ou quatre autos. Il nous manqua des choses très nécessaires, ce qui colora de confusion les joues creuses de Charvey. Le lendemain, le médecin était à son poste, le cuisinier aussi. Les rouages de mon « administration » entraient en jeu. La routine, qui est la seconde nature des choses, commençait son œuvre silencieuse. Cela va à merveille à présent.

« Nous n'avons pas dormi, cette nuit-là. Nos blessés ! Nos blessés à nous, abrités sous notre toit... dormaient-ils, eux ? Nous ouvrions avec mille précautions la porte du hall, nous écoutions. Charvey, à l'aube, dégringola de fatigue sur un divan et ronfla à réveiller des momies. Nos soldats, habitués au canon, ne s'agitèrent même pas. Lorsque le soleil franc et blanc du matin pénétra dans le hall, je me promenai de lit en lit. Ces enfants avaient, pour la plupart, guerroyé en Champagne.

— Ils ont l'air abruti, me soufflait Charvey à l'oreille sur un ton désolé, en constatant la fixité de ces têtes aux cheveux ras sur les traversins.

« Ils ne parlaient pas. Ils attendaient. Le rôle du soldat est d'attendre. Au corps, il attend d'être habillé; devant le train, il attend l'embarquement; après, dans la tranchée, il attend l'assaut. A l'heure où j'écris, j'attends. Quoi ? Je crois que j'attends la relève. A l'hôpital aussi on attend. Eux, ils continuaient d'attendre. Vers midi, ils se sont étonnés qu'aucun ordre n'ait été glapi dans le couloir. On les a dirigés vers la terrasse. Les visages se sont éclairés. Charvey, radieux, triomphait :

— Ça opère déjà ! C'est beau comme l'éclosion d'une fleur. Tu es fier ?

« J'étais ému.

« Les titulaires de mes trente lits marquaient peu d'émotion devant le décor, au goût bien français, que vantait mon excellent Charvey. Leurs forces, au lieu d'éclore ainsi que des fleurs, se manifestaient par un appétit d'ogre et une grasse gaieté. Et Charvey prophétisait :

— Heureux ceux qui sont près de la nature, car la vérité est leur partage.

« Ils s'amusaient lourdement, beuglaient des rengaines absurdes, riaient de plaisanteries épaisses, répétées à satiété. Les Pyrénées, en frais de coloris indicibles, barraient l'horizon d'une ligne découpée de palpitants mirages. Mes gaillards ne s'intéressaient qu'au mouvement de la marée, et, penchés sur la balustrade, n'accordaient d'attention qu'aux filets jetés dans le bouillonnement chargé d'algues du flux.

— Oui, insistait Charvey, la beauté imprègne ces simples. Ils ont échappé au coup qui assomme, mais ils ont de l'hébétude plein la cervelle. Tu vas assister à un essor harmonieux de leurs facultés. Patience...

« Cette patience, je ne l'ai pas eue. D'ailleurs, qu'était cette fameuse beauté, si chère à l'esprit ingénu de Charvey, et qui se glissait au cœur de mes braves, à côté de celle dont ils m'entouraient, lorsqu'en rappelant les heures du combat je prononçais les paroles magiques qui les grandissaient au-dessus d'eux-mêmes ! Sans forfanterie, sans gloriole cruelle, ils me contaient leurs exploits, et chacun terminait son récit par un « Il le fallait » qui contenait toute l'austérité du devoir.

« Charvey crayonnait de vivantes études. Nous comparions ses dessins aux photogra-

phies de l'avant-guerre que nos modèles con-
servaient dans leurs portefeuilles. Quelle mé-
tamorphose ! Une gravité sereine avait élevé
les fronts bas, allumé les regards éteints,
aminci les narines qui avaient aspiré l'odeur
de la poudre. Quelque chose de l'élan superbe
demeurerait dans leur crâne attitude. Ils
avaient, un instant, connu l'allégement des
ailes que déploie la passion. Leur être entier
garderait de cette minute une fierté allègre.

« Source d'interminables réflexions que,
nos bonshommes couchés, nous échangions,
Charvey et moi, sur la terrasse désertée. Nous
espérions que l'analyse des « cas » que nous
avions sous la main nous révélerait peu à peu
le sens de la guerre.

« Le hasard nous amena un jeune statuaire,
paralysé du bras gauche par l'éclatement de
l'omoplate. Etendu entre nous deux, sur un
rocking, il nous déclara violemment, le regard perdu au delà de la cime neigeuse des
Sept-Couronnes :

« J'ai toujours été antimilitariste. Et si je
» suis parti pour la guerre sans hésitation, c'est
» que je marchais contre le militarisme alle-
» mand, synthèse accomplie de l'autocratisme
» sanguinaire. Ne vous faites aucune illusion !
» Depuis que les premiers chocs ont usé les pre-
» miers contingents, les réserves des deux
» pays sont aux prises. Les réserves, c'est-à-
» dire le vrai cœur des nations, leur vraie vo-
» lonté, leur personnalité, faite du passé et
» des aspirations de la race. Leur énergie ne
» se nourrit pas seulement des ambitions de
» revanche ou de conquête, elle s'alimente
» des raisons historiques de se haïr. Et c'est
» pourquoi la lutte sera forcenée, féroce, in-
» définie. C'est pourquoi, pendant qu'on se
» bat aux tranchées, on forge des canons à
» la gueule des hauts-fourneaux; des légions
» d'ouvriers triment sur les tours, réparant
» jour et nuit l'erreur initiale. Ne vous y
» trompez pas, en chacun de nous, a surgi
» un petit autel de la Patrie en Danger, au-

» quel nous sacrifions. Le peuple-soldat est
» en train de sauver la France et d'entraîner
» l'Allemagne à la mort, parce que le peuple
» allemand est un troupeau inepte. Il ne réa-
» git pas. *Il ignore que la seule puissance ré-*
» *side dans la claire intelligence de la liberté.*
» Tout du long du front, c'est la haine du
» guerrier qui nous raidit devant le danger.
» C'est l'espoir de le vaincre qui nous sou-
» tient, *le guerrier-type, le reître allemand,*
» pillard et hautain, le cabotin criminel. Une
» aversion commune, une résolution com-
» mune, une action commune, voilà ce qui
» nous donne à tous l'air de famille qui vous
» a *frappé. Comme vous, et grâce à mon* art
» qui m'a accoutumé de saisir au vol des ex-
» pressions fugitives, j'ai recueilli des docu-
» ments physionomiques inestimables. Oh !
» non pas aux moments de griserie patriotique,
» *quand l'homme braille des chansons* belli-
» queuses, ou écoute des chansons régimentai-
» res, mais dans le silence auguste des nuits de

» garde; sous le sombre béguin du passe-mon-
» tagne, on distingue deux lèvres serrées, nettes
» et fermes, entre la courbe énergique du men-
» ton et la pointe un peu pincée de ce nez
» aminci dont vous me parliez. Ah ! ça, vo-
» yez-vous, c'est inoubliable. Et si ma main
» peut pétrir un symbole de la guerre, je ne
» choisirai pas d'autre sujet. Les heures pe-
» santes tombent sur l'homme qui veille, et
» ses épaules ne fléchissent pas. Il est là, non
» par obéissance (les menaces de la discipline
» s'émoussent contre lui) mais par respect de
» lui-même. Une volonté supérieure, dont
» l'origine est mystérieuse comme une loi na-
» turelle, le galvanise.

« Le dessein qui détermine la guerre se dé-
» robe à mon esprit. La guerre demeure pour
» moi une énigme, puisque ce fléau n'est
» qu'un déplacement d'influences ethniques.
» Les adversaires d'un jour sont les alliés du
» lendemain... Et pourtant, figurez-vous, je
» la bénis presque de m'avoir transporté dans

» une région sprirituelle que j'ignorais, et où
» ne se croisent que des êtres dégagés de
» leur gangue. Pourquoi méprisent-ils la
» mort ? Pourquoi souffrent-ils en souriant ?
» Pour l'édification de quelle humanité fu-
» ture ont-ils ces faces illuminées de foi ?

« Le statuaire baissa les paupières et se tut,
puis il conclut :

« Pour mon édification personnelle, d'a-
» bord. J'ai bien l'impression d'être redescen-
» du sur terre, après avoir vécu chez des de-
» mi-dieux.

« Eh bien, Madame, à mon tour, me voici
au milieu d'eux.

« Je n'ai pu résister davantage au désir de
flâner parmi les tranchées et les boyaux, qui
sont les chemins d'accès des Champs Ely-
séens. On respire ici une atmosphère d'héroïsme qui constitue pour les désabusés de mon
espèce une cure souveraine.

« Je pense sans amertume que les dandys
à lunettes d'or des retranchements boches

éprouvent une béatitude comparable à la mienne. Cependant qu'ils crient : « Vive l'empereur » et proclament l'Allemagne au-dessus de tout, moi, je ne crie rien; et ma fierté ne revêt point de forme précise. Elle n'est pas nationale, elle est universelle. Je suis fier des mille sentiments que l'époque et le lieu exaltent, et que nous nommons abnégation, solidarité, patience, modestie... Que voulez-vous! il n'y a pas d'intermédiaire entre le fond de la tranchée et le ciel qu'elle encadre.

« Scrupuleusement sincère, je ne saurais dissimuler que nous avons nos moments de mélancolie. C'est le cafard. Le cafard est un parasite cérébral qui gratte un point déterminé du cerveau, et, avec la complicité du souvenir, s'attaque aux centres de la résistance. Ne suis-je pas devenu un étourdissant psychophysiologiste ? Bien entendu, j'ai gagné le cafard. Le mien ne prend pas le malin plaisir de me représenter mon appartement douillet (avec salle de bains !) de la rue

Greuze, ou ma terrasse pyrénéenne; il aigui-
se quelques questions qu'il enfonce avec rage. Par exemple :

« Faut-il à l'homme, pour qu'il s'élève au-
dessus de lui-même, la vision des atrocités
qu'il a déchaînées ?

« Le massacre est-il nécessaire à la floraison
des pures vertus ?

« Le souffle généreux tombera-t-il quand
verdira la paix ?

« Ne sommes-nous pas soumis à une sorte
de loi des contrastes qui nous grandit dans
l'adversité et nous rabaisse dans la joie ?

« Je cache mon embarras sous de lâches
prétextes.

« Et lorsqu'il me demande si la guerre, dont
on peut espérer qu'elle décuplera les éner-
gies bienfaisantes, n'est pas préférable à la
paix indéfinie qui les atrophie, je reste interdit.

« Vous vous retournez vivement et me dites : « Vous hésitez, vous ? »

« Oui, Madame, moi qui vous baise les mains. »

II

Comme le nouveau venu me frappait par son aspect chétif, sa barbiche grise et la profonde tristesse de son regard, je lui demandai :

— Vous vous êtes engagé pour la guerre ?

— Oui.

— Vous êtes célibataire ?

— Non. Je suis veuf, et j'ai un petit enfant.

— Vous avez déjà été soldat ?

— Jamais.

— Votre âge vous dispensait, il me semble, de toute obligation militaire. Votre exemple est magnifique.

— Mon exemple ? Oh ! Je vous en prie, ne parlez pas d'exemple. Je ne considère même pas que j'accomplisse un devoir patriotique. Je suis ici pour mon petit enfant. Ma décision

n'a rien d'héroïque. Sa cause est d'ordre intime et j'ai toujours aimé la vérité d'un amour
trop absolu pour que je laisse s'accréditer même en votre esprit, que je sens si bienveillant,
la légende d'un dévouement sans bornes à la
patrie. Je me dévoue moins à la patrie qu'à
mon petit garçon.

« D'abord, sachez que je hais la guerre.
Je trouve inique d'obtenir la paix par la guerre. C'est un procédé primitif, une solution
barbare, absurde, et le meilleur moyen d'entretenir au cœur des survivants, avec le culte
des armes, les désirs d'éternelles revanches
et la passion sanguinaire qui sommeille en
nous. L'homme est un loup pour l'homme,
soit. On a chassé le loup depuis si longtemps qu'il n'appartient plus guère en France qu'au domaine des fables. Je me suis
appliqué toute ma vie à traquer le loup humain, à lui limer les crocs, à lui arracher les
griffes. Je n'ai été compris ni des pacifistes,
qui ont déformé ma pensée en l'exploitant

comme un programme électoral, ni des conservateurs militaristes, qui ont vu en moi l'ennemi du drapeau et un mauvais Français. Des conférences faites en Allemagne dans les milieux socialistes, où j'exposais mes idées sur les principales sources de conflits internationaux, m'ont prouvé que ces milieux étaient gagnés à fond à l'impérialisme, et j'ai été, certes, le moins surpris d'apprendre, au début de la guerre, que les socialistes allemands approuvaient le geste infâme du kaiser.

— Vous avez écrit ?

— Un peu. J'ai surtout parlé. La parole est plus forte que le livre. C'est, si vous voulez, du livre qui vit. J'ai été quelquefois applaudi. Le plus souvent, on m'a sifflé. J'ai servi de cible à des projectiles variés. Une dame, folle de rage, me jetait ses épingles à chapeau. J'ai joué, vous voyez, les Saint-Sébastien.

— Et maintenant, vous jouez les Poilus.

— Jeu sans joie... Cependant, quand je reviendrai, si je reviens, les bras tendus et le

sourire de mon petit enfant me récompense-
ront. Il est délicieux, ce gamin. Il est le reflet menu de sa mère... La chère lumière
éteinte revit en notre fils. C'est la course au
flambeau. Et si mon petit enfant n'éclairait
pas ma vie, je n'aurais qu'à m'enfoncer dans
la nuit. Il a dix ans. Il est frêle. Mon unique
soin est de garantir la précieuse flamme des
souffles dangereux, sans qu'il s'en aperçoive;
je l'entoure de tendresse, de précautions, sans
que ma tendresse lui pèse, sans que mon inquiétude le gagne.

« Quand la guerre éclata, nous étions à la
campagne. Le samedi, à quatre heures, retentissait le tocsin. Mon fils s'amusait au jardin. Il est accouru, pâle, en criant : « Papa,
le feu ! » Je suis sorti avec lui, pour voir d'où
s'échappait la fumée.. Un gros orage montait. L'air était lourd et immobile. Un clocher
voisin lançait l'appel, un autre continua. Le
tambour du village passa en battant de la
caisse. Sur le mur de la mairie, le garde-cham-

pêtre collait une affiche. Je répondis à mon petit enfant que le feu n'était pas au village, mais à l'Europe.

« Il me tira par la main, m'obligea à rentrer, ferma la fenêtre et pria : « Papa, explique-moi ... « Quand j'eus fini ma triste leçon, il croisa les bras et conclut : « Alors, « on va se tuer partout ? » L'image de la mort surgit entre nous. « Et toi, papa, tu vas aller tuer l'ennemi ? » Un autre enfant, câlin, m'aurait arraché la promesse de ne pas le quitter. Lui, non, il avait le sentiment de l'inévitable. La perte de sa mère, la quotidienne vision de mon deuil, et la divination de ma souffrance, avaient déposé en lui les germes de pensées beaucoup plus vieilles que son âge. Montaigne prétend que la douleur est la fournaise à recuire l'âme. Son âme avait subi avant l'heure l'âpre flambée du chagrin. Je le compris avec une fierté douloureuse. Je n'avais pas à le rassurer. Il n'attendait pas une caresse, mais un éclaircissement encore. Je le fis grimper sur mes genoux :

— Je n'irai pas immédiatement tuer les ennemis. La nation est ainsi organisée que, pour la défendre, elle réclame le concours des soldats les plus jeunes et les mieux entraînés. Puis, à mesure que la guerre se développe, elle convoque les anciens soldats, en commençant toujours par les moins vieux. Et cela est juste, bien que tu déplores, je le sens, le sacrifice de ce que le pays a de force jeune, et que tu songes avec peine à la disparition de beaux garçons qui avaient l'avenir devant eux. Cela est juste pour deux raisons. D'abord, parce que la nation doit porter le premier coup à son adversaire avec ses meilleures troupes; car du premier choc dépend le succès; ensuite, parce que les premiers soldats ne laissent, en général, ni femme, ni enfants et sont la population dont le pays tire le moins de richesses. Voilà pourquoi moi, qui n'ai pas été soldat et compte parmi les vieux, je ne serai pas appelé avant plusieurs mois si je dois l'être jamais.

Il m'assura qu'il saisissait mes explications, puis, il me dévisagea et me dit encore :

— Je t'ai souvent entendu maudire la guerre. Je me rappelle très bien. Pourquoi n'irais-tu pas, entre les soldats, leur ordonnant de jeter leurs fusils ?

— Je n'aurais aucune chance d'être écouté, et on me mènerait en prison comme un criminel.

Il reprit :

— Ainsi, c'est un crime de tuer, et c'est aussi un crime d'empêcher de tuer ?

Je le remis à terre, et l'embrassant :

— Tuer son prochain dans la paix est un crime, le tuer dans la guerre est un devoir sacré. Va au jardin...

Au bout de quelques instants, il revint et s'installa devant un livre d'images. Surpris de son retour rapide, je lui demandai pourquoi il avait cessé de jouer. Il me déclara qu'il jouait à défendre un fort avec le fils du jardinier, mais que c'était fini et qu'il ne jouerait plus au Prussien à présent que les grandes personnes allaient se battre pour de bon. Je lui proposai de sortir. Il refusa, en m'avouant qu'il ne voulait pas voir pleurer les femmes dont les lamentations, se mêlant aux rumeurs de la terrible nouvelle, arrivaient d'ailleurs jusqu'à nous. Il prétexta l'approche de l'orage pour refermer ma fenêtre. Il feuilletait l'album. Son regard fuyait au-dessus du vol des pages. Mon petit enfant enregistrait des impressions qu'il gardera, gravées au fond de sa mémoire, jusqu'à son dernier jour.

Nous achetâmes des cartes et de minuscules épingles-drapeaux. Nous restions de longs moments penchés sur les cartes. Je lui lisais les communiqués et il plantait les épingles. L'invasion déferlait, et, parfois, le cœur serré, je reculais la ligne des épingles. Lui, la replaçait, avec son implacable honnêteté :

— Ils sont là, je t'assure.

Et le matin où la France se réveilla, après quelle nuit horrible, pour apprendre que notre front tenait de la Somme à l'Aisne, la main de mon petit enfant mesura, du compas étroit de ses doigts, la distance qui séparait les Allemands de Paris :

— Papa, ils y seront demain...

Le soir, il ne mangea rien. Je tâtais son pouls qui accusait un peu de fièvre. La nuit fut agitée. Je le savais éveillé de grand matin. Il se glissa dans mon lit. Il me dit :

— S'ils viennent à Paris et entrent chez nous, ils prendront mon herbier et ma collection de cailloux. Papa, allons à Paris défendre la maison.

Il serrait les poings. L'idée du patrimoine à sauver prenait forme, se faisait brutalement impérieuse, et j'aurais souri de constater, presque sous ma main, l'éclosion de ce sentiment si primitif, principal ressort guerrier que font jouer les états, si je n'avais eu soudain la vision de brutes ivres fouillant mon appartement, dispersant mes notes, ma bibliothèque, et surtout profanant de pieux souvenirs. Mon fils, avec l'intransigeance des enfants pour les conquêtes de leur imagination et de leur volonté, moi, avec mon attachement aux choses dont le prix ne réside que dans le passé qu'elles portent en elles, nous réagissions contre une même offense.

Gagné par l'ardeur de son désir, j'envisageai les moyens de nous rendre à Paris sans user de chemins de fer que je supposais au service exclusif de l'armée. Mais la possibilité d'avoir à subir les horreurs d'un siège, auquel mon fils ne survivrait pas, me détourna de cette folie.

Survint la Marne. Le miracle de la Marne est moins dans le triomphe mérité, mais inespéré, de nos armes, que dans la transformation de l'esprit public. On pensa autrement à partir du 7 septembre. Ceux qui étaient mobilisés alors et, comme tels, trop près de l'action pour juger de ses effets, ne pouvaient se rendre compte de ce que fut la résurrection du pays. En célébrant la dignité silencieuse avec laquelle la France accueillit l'annonce de la retraite allemande, on semblait publier qu'il est difficile à un être, pris de syncope, de chanter victoire quand il rouvre à peine les yeux. La conscience d'un état nouveau, définitivement favorable à notre cause, autorisa donc l'exécution de projets personnels.

C'est alors que, jugeant malsaine pour mon fils la solitude de la campagne, je décidai de revenir à Paris et de le mettre au lycée. J'estimais que l'étude en commun et la fréquentation des camarades lui seraient profitables.

Je craignais, cependant, que sa nature,

éprise de liberté, souffrît de la discipline des classes, de la répartition mesurée des heures de travail et de jeu. Au contraire, il paraissait ravi de tout et rentrait en disant avec un orgueil naïf :

— J'ai tellement peur de bouger pendant la classe que j'ai des fourmis dans les jambes, ou bien : Avec M. F..., c'est risqué de tourner la tête du côté de la fenêtre. Et puis, quand on va en récréation, on marche au pas comme les soldats. C'est amusant, et il le faut.

Ainsi, il aimait sentir le poids d'une autorité autre que la mienne, purement morale, une autorité extérieure, exercée en vertu de la puissance anonyme, mystérieuse et formidable du règlement. Ainsi, moi, qui avais élevé mon fils dans l'amour de la liberté en ne donnant à sa liberté d'autre limite que les droits voisins, d'autre devoir que la claire notion du bien et du mal, j'assistais à l'éclosion du second sentiment qui aide tant encore les états pour la préparation de la guerre : notre besoin de nous soumettre à une discipline. Nous nous plions trop, sans doute, aux lois naturelles, pour que certaines tyrannies ne nous trouvent pas très souples devant des exigences, qu'individuellement nous repousserions, mais qui nous semblent acceptables parce que nous faisons partie d'une collectivité. La grandeur de la servitude militaire n'a pas d'autre origine.

Un mois après son entrée au lycée, mon fils devint triste. La tristesse d'un enfant est un symptôme inquiétant. Mes questions demeuraient sans réponse. Je ne parvenais pas à connaître la cause d'une mélancolie qui peut être attribuée chez un adolescent au travail de la puberté, mais ne révèle, chez un petit être de dix ans, qu'un malaise physique.

Le proviseur m'assura que mon fils manifestait une application et une intelligence dont je pouvais tirer un légitime orgueil. Son appétit fléchit. Je le fis examiner par un médecin qui ne découvrit aucune lésion. Il ne s'intéressait plus aux communiqués, la carte des opérations et les drapeaux-épingles n'excitaient plus sa curiosité. Je me demandai si la guerre ne le lassait pas; son caractère de lutte de siège, l'usage des retranchements, où l'adversaire se terre en se fortifiant, ne satisfaisaient peut-être plus son impatience. Alors je m'ingéniai à le distraire.

Un jour, au cinéma, on nous montra des scènes du front. Devant les misères projetées sur l'écran, maisons écroulées, transports de blessés, départs de relèves, une femme, près de nous, s'écria :

— Comment y a-t-il encore des embusqués ?

J'entendis un sanglot. Mon petit enfant pleurait à chaudes larmes. A l'entr'acte, il me supplia de quitter la salle. Dehors, il marchait courbé; des larmes, de lourdes larmes silencieuses, celles que distille une vraie douleur, perlaient sur son vêtement. L'animation du boulevard ne calma pas ce gros chagrin. Nous nous assîmes sur le banc d'un square.

— Quelle chose t'a fait le plus de peine dans ce spectacle ?

— Les blessés.

— Je m'en doutais. Mais est-ce bien ce que tu as vu qui t'a bouleversé? N'est-ce pas plutôt la réflexion d'une dame sur les embusqués ?

Les sanglots secouèrent à nouveau sa poitrine. Je croyais qu'il allait enfouir sa peine entre mes bras. Il se jeta contre le dossier du banc. Un frisson me glaça.

— Je regrette beaucoup de t'avoir mené au cinéma, mon chéri, mais, qu'au moins, tu saches tirer de ta peine un enseignement. Si la vue des blessés t'a été pénible, oblige-toi à y penser avec force, penses-y à fond, .

jusqu'à épuiser ton émotion. Il y a dans une guerre bien d'autres malheureux que les blessés, des gens qui souffrent bien plus qu'eux, et que tu croises chaque jour sans t'apercevoir de leur souffrance. Ce sont les mamans, les femmes qui savent leurs fils, leurs maris exposés à chaque seconde ; ce sont les parents des disparus. Quant aux embusqués, mon chéri, on les dépiste, et le tour de chacun viendra. La plupart de ceux qui croient aujourd'hui échapper à l'obligation militaire iront rejoindre les soldats couverts de boue, qui défilaient sur la toile. Tous les Français en état de supporter les fatigues de la campagne partiront sans exception.

L'effet de cette parole fut souverain. Mon petit enfant, soulagé du poids d'une injustice, sourit, et la journée s'acheva gaiement. L'explosion de chagrin avait été salutaire.

Mais, une fois que je le conduisais au lycée, il me quitta subitement et courut vers un groupe d'écoliers qui stationnait devant la porte et nous regardait venir.

Le soir, à son retour, je lui demandai avec quelque sévérité dans la voix, pourquoi il ne m'avait pas embrassé avant de se sauver. Il rougit et pâlit. Un violent combat se livrait en lui. Je lisais dans son âme et j'attendais, haletant, l'arrêt que prononcerait sa raison ou que dicterait son instinct, et ce qu'il choisirait, d'un mensonge généreux ou de la rigoureuse vérité.

Je pouvais, d'un mot, l'aider à répondre. Je m'en gardai, si pesant que fût pour nous deux ce silence. Le brave gamin ! Il se raidit, et, droit, son regard dans mon regard, il commença :

— Voilà. Au lycée, on est en trois camps. Ceux dont les papas sont au front, ceux qui ont leurs papas dans l'armée de l'intérieur, et.... ceux, comme moi, qui ont leurs papas à la maison. Les premiers s'appellent les Poilus, les seconds n'ont pas de nom. Nous, nous sommes les embusqués. On ne joue pas avec nous, on ne nous parle pas.

Mon petit enfant s'arrêta, avala sa salive, la gorge sèche, et continua :

— On ne nous fait pas de misères. On
nous dédaigne. C'est tout. Moi, j'ai pris à
part le chef des Poilus, un grand tout en
noir parce que son père a été tué, et je lui
ai dit que ceux qui avaient des papas malades, ou trop âgés pour servir, étaient moins
embusqués que ceux dont les papas étaient
restés dans les dépôts. Alors, il a réuni tout
le monde en cercle et il a dit aux fils des papas très malades, ou très vieux, de lever la
main..... Depuis ce jour-là, comme j'avais
levé la main, j'ai été admis à jouer avec les
Poilus. Mais j'ai peur, aussi, depuis ce jour-
là, qu'on ne sache que tu n'es pas si vieux
que ça. Aujourd'hui, quand tu m'as accom-
pagné au lycée, j'ai reconnu des Poilus sur
les marches. J'ai eu peur. Je t'ai laissé. Ça
n'a pas raté. A la récréation, ils m'ont de-
mandé si le monsieur qui était avec moi était

mon père. J'ai répondu que mon père avait les cheveux blancs et boitait... et que c'était le concierge qui m'avait conduit au lycée.

Mon fils baissa les yeux.

Je le félicitai de sa franchise, bien qu'il m'en coûtât beaucoup de penser que mon petit garçon m'avait renié. Il s'avança vers moi et demanda son pardon. Je dus le coucher moi-même, le border, lui tenir la main...

La lampe, posée sur la table, l'éclairait de telle sorte, en durcissant les traits arrondis de l'enfance, que je crus revoir le visage endormi de sa mère, avec, en plus, un pli douloureux du sourcil, une contraction que le sommeil ne détendait pas. Je ne sais jusqu'à quelle heure de la nuit je suis resté près de mon fils, et lui ne saura jamais quel combat, à cet instant, se livrait en moi.

Par moi, mon enfant vivait. Penché sur sa frêle enveloppe, j'écartais de lui mille dangers. Je m'imaginais, peut-être à tort, que j'étais sa sauvegarde physique. Lui cau-

serai-je, en le protégeant, sa première souffrance morale ? Perdrai-je, en le protégeant,
sa tendresse, puis son estime ? Car il n'y
avait pas d'illusion possible, si le ministre ne
décidait pas la visite des réformés de ma
classe, je serais à jamais, pour mon petit enfant, un embusqué. Flétrissure dont son
cœur conserverait l'amertume à travers les
temps à venir. Flétrissure absurde qu'on jette à la tête d'infirmes ou de malheureux
chargés de devoirs familiaux aussi impérieux, aussi nobles, sinon plus, que le devoir
national. Mais la guerre actuelle est un cataclysme sans précédent historique. Le
monde social tremble sur ses anciens fonde-
ments. Nous sommes au début d'une convul-
sion que suivront, après une période de repos absolu, des révolutions et des réformes
dont nous n'avons pas la moindre idée. Et de
toute façon, jusqu'à la fin des générations
qui auront pris part aux hostilités, chacun
d'entre nous subira l'interrogation de nos

descendants : « Que faisais-tu, où étais-tu pendant la guerre ? » L'inaction ou l'« embuscade » seront des tares dont l'ignominie grandira avec la grandeur même de l'épopée. Elles marqueront, non seulement la face des premiers responsables, mais encore celle de leurs fils, et ainsi de suite dans la chaîne des âges. Je dis adieu à mon petit enfant, dont le souffle régulier soulevait une mèche de cheveux abandonnée sur sa lèvre.

— Je t'ai défendu, mon chéri, contre les maladies et contre les laideurs. Si je ne t'ai pas armé pour la lutte, j'espère avoir développé en toi l'amour du vrai, qui est l'arme des justes. Je suis sûr de toi. Mais je ne veux pas que tu me renies dans ton cœur, cette fois, et non plus par charité pour moi, ni que tu cherches à ma conduite des excuses philosophiques dans mes livres. Je veux tout l'amour, toute l'estime de ce cœur d'enfant. En désaccord avec mes théories, qui sont, au regard de la foule, le vêtement prétentieux de la lâcheté, j'irai combattre....

Ah ! Mes belles théories anti-guerrières, comme elles tenaient, à cette minute, moins de place dans ma pensée, que la main moite de mon enfant dans mes doigts tremblants !

Mes belles théories, je leur dus de m'entendre dire, deux jours après :

— Papa, je ne retournerai plus au lycée. Les Poilus, les autres et les embusqués, ils se sont tous mis contre moi parce que tu as écrit autrefois des livres contre la guerre. C'est fini, je ne veux pas ... je ne veux pas...

Et il se cachait la figure sous son bras...

Et moi, je l'enlevai dans les miens, je le couvris de baisers. Le sort en était jeté, ma suprême hésitation vaincue. La démence générale nous sacrifiait l'un à l'autre. Je lui criai :

— Petit, quand la paix sera descendue parmi les hommes, les livres de ton papa ne seront plus jugés comme des œuvres condamnables, et on reconnaîtra qu'ils défendaient de simples mais de dures vérités. D'ici là, je ne veux pas que tu supportes le poids d'une pensée dont je devrais être le seul responsable. Peu importe la contradiction de mes théories et de ma résolution... Tout cela s'expliquera plus tard ... Mon chéri, ça t'amuserait que j'aille tuer les Boches ?

Une flamme d'intense joie fusa sous les paupières de mon petit enfant. Il me serra fortement.

Et comme il pourrait, un jour, concevoir un vague soupçon sur les motifs réels de ma détermination, et, si je ne reviens pas, en ressentir une peine particulière, je lui laisse croire que j'ai été normalement convoqué avec les hommes de ma classe.

Il m'écrit qu'il joue avec les Poilus. Il me prie de lui dénicher un casque à pointe. Je profiterai, pour cela, de la prochaine attaque.

III

C'était un rare bonheur de visiter avec lui les églises dont il vérifiait l'architecture. Je ne saurais oublier l'ascension du clocher de Saint-Pierre de Caen, un soir de juin. Sur la galerie qui couronne la tour, et à laquelle on accède par un escalier en vis, aux marches creusées en cuiller, le soleil nous éclaboussait d'or. La flèche s'élançait sur le bleu tendre du ciel, ses arêtes extérieures hérissées du bourgeonnement des épis, intérieurement vide et lisse; souple aux fureurs du vent, comme une fleur poussée dans une matinée de printemps, elle quittait la plateforme d'un jet splendide et désinvolte. Son ombre barrait les toits de tuile d'où s'échappaient, droites, pareilles à des vapeurs d'encens, les fumées.

Il aurait pu céder au plaisir érudit de m'expliquer les particularités du clocher. Il me signala rapidement les points d'attache, les greffes, les assises, puis il s'accouda au balcon circulaire, crevassé par le gel, poli par les pluies, couvert d'un lichen qui est le fard des vieilles pierres, et dit :

— C'est l'heure. La nuit rôde en bas. Elle noie les cours et les réduits de l'ancien quartier et nous sommes en pleine clarté. Les clochers annoncent et conservent la lumière quand la terre est encore ou déjà la proie des ténèbres. Il a fallu, pour les élever, l'étroite collaboration de la Science et de la Foi, aujourd'hui en complet désaccord. Quand je suis las, je m'impose de monter ici. Ici, nous sommes en dehors de la vie. Nous nous appuyons sur ce que le Passé nous a légué de moins matériel, une pensée en pierre. Les châteaux-forts célèbrent la puissance guerrière; les palais, la puissance financière. Ils peuvent être prodigieux, ils me laissent indifférents, parce que je sais les raisons historiques de leur construction, qui sont la crainte ou l'ambition. Mais ça (et il caressait l'angle vif de la galerie) avec quoi fut-ce bâti, sinon avec de l'espoir, de la ferveur, de l'amour ? Et qui, maintenant, ne le sent ? Quand je vois les injures que les guerres civiles ont infligées à Paris, à Bourges, à Chartres, je me plais à songer que le règne des vandales est périmé. L'iconoclaste s'attaquera aux cariatides des banques, et respectera les cathédrales. La piété s'en va, mais je la regretterai moins si elle est remplacée par la vénération de la beauté.

Pauvre cher homme, il comptait sans les Allemands !

Le 20 septembre 1914, il travaillait à la réfection de la chapelle de la Vierge de Saint-F... Il avait découvert, outre une série de rinceaux cachés sous des plâtras, le sens des statuettes accrochées aux culs-de-lampe de la voûte à caissons. Il les nettoyait, grattait la crasse d'un enduit pudibond qui tombait par écailles. Il dégageait le groupe d'Aristote et de la courtisane. Son aide lui cria :

— M'sieur, ils ont brûlé Reims.

— C'est abominable, mais c'est la guerre.

Il consentait presque au sac de la ville, à l'écroulement des maisons de commerce, laine ou champagne, et des chaix où les marchands boches mettent en bouteille le plus spirituel vin de France. Cependant, il demanda, vaguement inquiet :

— La cathédrale n'a pas souffert, n'est-ce pas ?

Le gamin répondit :

— Je parlais de la cathédrale.

— Tu dis ? Ils ont brûlé la... Tu lis de travers ! Comment veux-tu ?... Qui se permettrait de toucher à la cathédrale de Reims ? On ne s'attaque pas à la cathédrale de Reims ! Les piliers s'écrouleraient sur les sacrilèges...

L'aide précisait :

— Ils l'ont bombardée. La toiture s'est embrasée. Les échafaudages de la tour du Nord ont flambé.

A chaque mot de l'aide, il descendait un échelon.

— La tour du Nord ! Le portail de Saint-Nicaise, l'ange qui sourit... Non, non. On exagère. On nous affole avec des nouvelles insensées... Reims !

Il saisit le journal, et, l'ayant lu, tonitrua, pâle, puis écarlate :

— Les cochons !

Sa colère gronda à travers l'église. Une dévote toussota et recula sa chaise, qui grinça.

Il enleva sa blouse, rangea ses outils, et alla respirer dehors. Il marchait le long d'un canal. Le chemin d'eau, rectiligne et désert, menait à la mer. Le sculpteur se représentait le percement de cette avenue, les ponts s'ouvrant devant les bateaux, l'activité des échanges commerciaux entre nations et gémissait :

— Et on se bat ! Et quelle guerre ! Quelle guerre !

A la vérité, la guerre frappait pour la première fois son imagination. Jusqu'alors, il ne doutait pas, fort tranquille, que l'art militaire, la diplomatie, le jeu des conventions, qui sont les politesses de la guerre et en atténuent la sauvagerie, régleraient l'action à la façon d'un quadrille, que la paix reviendrait, sans victoires éclatantes, par le dégoût universel des dévastations, la lassitude des laideurs, le triomphe d'une foule de causes très vagues, mais très puissantes, qui formaient son pacifisme d'archéologue. Et les Allemands détruisaient Reims !

On reconstitue des armées, on ne rebâtit pas les cathédrales. C'était donc une nouvelle invasion barbare qui déferlait ? Il le comprenait enfin ! Il revoyait la basilique, qu'il aimait entre toutes pour sa fantaisie fiévreuse, pour l'outrance et la profusion des enjolivures, que rachètent la sobre ordonnance des lignes sous la robe trop riche et la spiritualité des radieuses figures du XIIIᵉ. Il se

refusait à admettre que la flamme eût émiet-
té la Madone du portail occidental ou le
Christ du transept. Aucune défaite ne pouvait être comparée à un tel désastre. Il souf-
frait dans son amour-propre de Français,
dans sa fierté d'artiste, dans sa mémoire de
savant, encyclopédie lapidaire où il puisait
un incessant enseignement pour le labeur
quotidien.

Bientôt, il arriva au bord de la mer. Dans
les sables luisaient les flaques de la précé-
dente marée; le chenal gagnait le large entre les pieux noirs de l'estacade. Derrière un
bouquet d'arbres, l'église du petit port bom-
bait son abside ainsi qu'une proue. La nuit
s'annonçait dans l'air calme. Le sculpteur fit
le tour du monument, puis entra. L'étoile
de la lampe sacrée tremblait sous les ar-
ceaux trapus.

Il ne pratiquait pas, mais il avait trop étu-
dié l'art religieux, trop cultivé la flore des
chapiteaux, trop redressé de statues bran-

lantes et d'autels boîteux, il s'était trop penché sur le vaste miroir mystique des cathédrales pour ne pas penser ce que pensaient les bâtisseurs des grandes époques de la croyance. Il ne séparait pas la réalisation matérielle de l'enthousiasme d'où elle était née. La source et le but de l'inspiration se confondaient, et le dogme de la présence réelle se manifestait pour lui, d'abord, dans la vitalité de la statuaire qu'un souffle divin animait d'une éternelle jeunesse. Une restauration maladroite était une offense à Dieu, et il répétait volontiers que toutes les preuves de son existence, péniblement fabriquées par des philosophes, ne valaient pas le témoignage irrécusable d'intervention céleste, que publiait l'œuvre des architectes champenois, berrichons et beaucerons.

L'iconoclaste était le démon.

Dans la silencieuse marche de la nuit parmi la nef romane, sous le navire votif qui tournait au bout de son fil, surgit le Christ de Reims, comme une apparition lointaine.

Le sculpteur pensa :

— Donc, voici la parfaite image. Elle repose sur un piédestal où nous voyons des Drapiers déployer des aunes d'étoffe. Elle est dominée par les quatre étages du Jugement dernier que surplombe une autre statue du Dieu, assis sur un trône d'où il juge les vivants et les morts. Les anges et les bienheureux, aux voussures du tympan, chantent ou jouent de la harpe et de la flûte. Aux ébrasements, Pierre, André et Barthélemy, Paul, Jacques et Jean contemplent le maître et l'écoutent. Au sommet, c'est le Dieu inaccessible, le Justicier exerçant son terrible pouvoir; près du sol, c'est le Dieu fait homme et parlant aux hommes. Il va sortir de l'ombre du dais à clochetons qui le protège, car il serre contre sa poitrine les plis de sa tunique. Sa main droite, fine et ferme, hors de la manche béante, impose l'attention plus qu'elle ne bénit. Il va s'avancer. Il fixe sur moi ses yeux graves. Je soutiens leur regard, car j'ai passé ma vie dans l'amour de ses effigies les plus nobles et n'ai rien à me reprocher. Il ne l'ignore pas et déjà ce regard s'éloigne. Jésus, abandonnant les ruines de sa cathédrale, ira droit à l'ennemi. Il endormira les sentinelles de nos postes, et, franchissant les retranchements où somnolent les hommes engourdis de froid, il étendra les bras à la gueule des batteries braquées sur la ville. Et si les misérables s'obstinent dans leur crime méthodique, stupide et vain, Jésus, se dirigeant vers l'ouest, appellera, pour la défense de sa maison, les justes qui, pacifiques par principe, n'avaient pas pris part à la lutte. Il nous déliera du serment de ne point tuer. Il nous groupera autour de la basilique violentée et nous enjoindra de chasser les parjures qui s'acharnent sur les sanctuaires, les vandales qui voudraient raser jusqu'à l'histoire d'un peuple, les iconoclastes qui ne savent pas qu'un débris d'aile, un fragment d'auréole, un enroulement d'acanthe, suffisent à la piété populaire et à la tradition pour reprendre l'oraison ou renouer la chaîne des souvenirs sur un monceau de cendres. Et qui ne le suivra pas, tel qu'il s'apprête là-bas à proclamer que la paix est une conquête de la volonté, et tel, qu'ici, il m'apparaît, terme éclatant d'une religion de bonté, au milieu d'une architecture primitive, obscure, écrasée, encore empreinte de la terreur des catacombes ?

Lorsqu'il repartit, la brise s'était levée. Les peupliers du canal se débattaient sur un ciel sans astres. Les roseaux croisaient leurs épées coupantes, l'eau agitée promenait au long des berges un sanglot discret. Une immense désolation emplissait la nuit.

Il s'en allait, courbé, inquiet et frémissant.

Le lendemain, il gravissait en hâte son échelle. La courtisane chevauchait toujours Aristote. Les lanières du fouet, qui fustigeait le didacte aux prunelles énormes de myope, se perdaient en une charmante stylisation.

— Heureux artisans ! Quelle verve dans l'impertinence ! Quel mépris des vieux systèmes cosmiques, des morales et des métaphysiques embrouillées du paganisme ! Et comme l'antiquité devait leur sembler morte, presque lunaire, sous les rayons du soleil qu'ils portaient en leur cœur ! Pas la moinde vanité professionnelle; l'anonymat d'esprits qui ne peuvent tirer d'autre gloire de leurs facultés créatrices, que celle de renvoyer à Dieu le reflet des talents dont il les a comblés. Et cet épanouissement de joie, cette conviction forte et gaie, cette exubérance, qui font de Reims un rutilant missel de pierre et de verre, s'effriteraient sous les obus ? Des obus ? Des boules d'acier bourrées de poudre ?

Plus triste, chaque matin, il remontait à son travail. Sa main, moins assurée, laissait choir les outils. Il se demanda si la fatigue, qui l'immobilisait pendant des heures, ne venait pas du sentiment que sa tâche de sculpteur dans une ville de l'ouest, à l'abri des assauts, était ridiculement mesquine devant l'effort général.

Parfois, des blessés visitaient l'église. Il descendait et les interrogeait :

— Quelle idée vous soutenait, quand vous alliez sous la mitraille ?

Ils confessaient, pour la plupart, n'avoir eu d'autre guide que le devoir, et ne s'être précipités au-devant de la mort que « pour faire comme les camarades ». Quelques-uns analysaient l'origine de leur résolution : la défense du droit, l'aversion d'une race insolente, en tous points opposée à la nôtre, le désir de venger un parent, un ami, de reconquérir les régions souillées par la horde, de délivrer une famille prisonnière, ou de payer de leur sang, pour les enfants, la paix de l'avenir.

Il les considérait avec envie.

— Ils veulent et savent vouloir... Et moi, je n'ai qui que ce soit ou quoi que ce soit sous le joug allemand, pas d'enfant... Pourquoi ai-je conscience d'être si peu de chose auprès de ces héros ? Grotesque, en blouse, armé d'une gouge, tandis que ma poigne, solide encore, peut élever un fusil à hauteur de mon œil toujours clair, resterai-je inactif ? Il me manque « l'idée... »

Le Christ de Reims surgit à nouveau. Le couchant vermillonnait ses joues dans le cadre onduleux de la barbe. Le sculpteur comprit que le Dieu avait en vain franchi les retranchements, en vain étendu les bras à la gueule des canons, et que, se dirigeant vers l'occident, il appelait à lui ceux qui, par horreur du sang répandu ou par indifférence, étaient demeurés à l'écart du combat.

Ainsi vit-on entrer, un matin d'octobre, au bureau de recrutement, un petit bonhomme grisonnant qui sollicitait la faveur d'aller se battre dans le secteur de Reims.

Elle lui fut accordée.

En effet, il ne pouvait être envoyé plus près de la ville martyre. Il ne s'en douta qu'à l'aube, après les étapes accomplies dans la nuit pluvieuse, et sous la lueur lointaine des fusées éclairantes, entre une gare de campagne et le cantonnement.

Il questionna le champenois qui avait logé sa compagnie. Un labour, peint en ocre roux, montait devant le portail de la ferme. Un sentier zigzaguait jusqu'à la crête.

— Le champ vous cache Reims, mais Reims est là. Si vous suiviez le sentier, vous apercevriez la cathédrale.

— Elle a donc résisté, Monsieur ?

— Il ne reste que la pierre.

— Savez-vous que c'est encore beaucoup, Monsieur.

— Ah ! c'était de fameuse maçonnerie... car faut voir le dégât que font les marmites. Témoin ce trou-là.

Il désignait, à cent mètres du portail, un

cratère d'éclatement. Le sculpteur courut à travers le labour et ne s'arrêta que lorsqu'il aperçut, bleues dans la brume, les tours de la basilique et les pointes acérées qu'enfoncent dans le ciel les pignons du transept, depuis la disparition de la toiture.

— Elle est là !... Elle est là !... répétait-il, essoufflé par la course et l'émotion, elle est debout ! Ces choses-là, on les blesse, on ne les tue pas. Et maintenant, prions le Seigneur qu'un réparateur malhabile ne lui assène pas un coup plus cruel que la canonnade allemande.

Réconforté par cette vision, il rejoignit ses camarades. Le bataillon partit au crépuscule vers les lignes allemandes. La terre était gluante. Les soldats s'affaissaient en des chutes dont le cliquetis de la gamelle, frappant les têtes, ponctuait le bruit mat. Par endroits, les champs exhalaient une puanteur infâme. Les fusées livides vacillaient.

— Le chemin de Croix raconté par le Dante, soupirait le sculpteur en tombant pour la troisième fois.

Il était de faction à l'entrée d'un village, sur un pont de chemin de fer. Il reconnut, butoir formidable fermant à l'horizon la voie envahie de rouille et d'herbe, la masse ardoisée de la cathédrale. Bientôt le soleil se hissa sur les collines boisées des positions ennemies. L'édifice grandit démesurément; la limpide matinée de gelée ambrait les reliefs robustes de sa musculature encore intacte.

Depuis ce jour il ne perdit jamais de vue la basilique. Des tranchées ou des cantonnements, et bien qu'il en fût assez éloigné, il comptait les obus « balancés » sur la cathédrale, altière dans la plaine fauve, aux nuages globuleux qui s'arrondissaient à gauche et à droite du chevet. Une dizaine, entre huit et neuf heures, à peu près autant à la fin de l'après-midi.

. Une nuit, le bataillon occupait son poste d'alerte; car le bombardement décuplait d'intensité. Sous la lune tressaillaient les rougeurs des incendies et les éclairs des canons. Le vacarme, continu, profond, roulait en cataracte. Cela pouvait être l'anéantissement de Sodome ou de Saint-Pierre de la Martinique.

— Une telle épouvante surpasse l'humanité, pensa le sculpteur. La puissance de meurtre qui la soulève dans la guerre n'est pas de ce monde. Les hommes se ruent contre les hommes parce qu'ils sont le jouet d'un destin sanguinaire. Subjugés par la nécessité, ils se trompent eux-mêmes, par bravade, en se jetant à la face les mots pompeux d'aspirations ou d'ambitions légitimes. On n'évitera pas plus la guerre, qu'une planète ne se dérobera à la rencontre d'un astre errant. Le spectacle auquel j'assiste tient du cataclysme.

Le tremblement de l'air et de la terre ces-

sa soudain. Une teinte violette et verte se ré-
pandit au-dessus des arbres. Le reflet des incendies s'y dilua. Un chant d'oiseau réveilla le bois contre lequel le bataillon était ras-
semblé.

L'alerte était terminée.

Les soldats allumèrent des pipes, causant
et riant.

L'ignominie de la trombe d'acier, pulvé-
risant des ruines assoupies, avait bouleversé
l'artiste. Il décida d'aller coûte que coûte à
Reims. Ne prétendait-on pas que la cathédrale avait reçu cent obus, de minuit à
deux heures ?

Il sauta dans une voiture de compagnie.
Pendant que le muletier excitait de la voix
la bête paresseuse, le fourrier, qui faisait le
voyage tous les six jours, promettait de suivre une savante progression dans le parcours des quartiers ravagés. Il dit, avec une
certaine gloriole de cicerone averti :

— Tu vois cette bicoque éventrée ? Du

beau travail. Eh bien ! ce n'est rien.

Le soleil de février plaquait des carrés de lumière sur les pavés propres. Ils croisaient des femmes, des enfants portant des paniers. Le sculpteur se souvenait des villes visitées au pas d'un cheval qu'arrêtait l'animation joyeuse des jours de marché. Malgré la placidité des Rémois, au lendemain des grands bombardements, une torpeur étrange s'appesantissait sur les rues, dont les magasins étaient clos ou timidement entrebaillés; des becs de gaz étaient fauchés; des balcons écornés tachaient, du blanc cru des pierres brisées, la patine des façades.

— Voilà où ça devient joli. Descendons, proposa le fourrier.

— C'est Messine après le séisme.

Des pâtés de maisons s'étaient abîmés, d'un bloc, comme si le sol avait aspiré la moelle des habitations. Sous la menace des gâbles sans soutien, un bric-à-brac sinistre, un pêle-mêle insondable de charpentes, de ferrailles tordues, de meubles, de livres, un glissement, vers les caves obstruées, de toutes les intimités élégantes ou humbles de la vie bourgeoise. Sur la lèpre des murs, les cheminées, quelques-unes ornées encore de pendules et de vases, marquaient les étages. D'une salle de bains, ne subsistaient que les robinets de la baignoire et le savon, au creux de sa coupelle. Dans une cage d'escalier, une lamentable terre cuite décochait un baiser prétentieux à la misère des choses.

— Hein ? Je n'exagérais pas ? commentait le fourrier.

— La cathédrale ! s'écria le sculpteur.

Dans l'ovale de briques d'une muraille crevée par quelque 210, l'abside inscrivait le réseau nerveux de ses arcs-boutants et le double diadème de ses balustrades.

Le quartier Cérès renaîtrait, sans dommage pour l'art des chaos tragiques. Le sculpteur lui tourna le dos et, enjambant les gravois qui barricadaient une rue latérale, se dépêcha vers ce qui fut l'archevêché.

— La cathédrale !

— Ben, oui, mais on ne peut pas y entrer, objectait le fourrier, vas-y si tu veux. Je l'ai vue plus d'un coup. Rendez-vous devant la mairie, à une heure.

— C'est ça, c'est ça...

D'obstacle en obstacle, il piquait vers le jardin archiépiscopal, bondissait et rebondissait, alerte, frénétique, et, quand la tentation était trop forte de regarder la basilique avant l'endroit qu'il s'était prescrit, fermant les yeux.

— La charité, s'il-vous-plaît...

Un aveugle, sur un pliant, tendait un gobelet. Entre les décombres de l'archevêché et ceux des maisons proches, ce mendiant couleur de pierre, couleur de ruine, rappelait les personnages conventionnels des lithographies anciennes.

— Depuis quand venez-vous là ?

— Depuis vingt ans.

— Et vous y venez encore, malgré les bombes ?

— Les obus me connaissent et ne veulent pas de moi. J'ai entendu tout dégringoler, autour de moi. On dit que c'est bien triste. J'ai dû changer de chemin parce que je butais contre les démolitions. Merci, monsieur. Vous êtes militaire ? Bonne chance, en ce cas.

Il fit machinalement sauter la pièce dans son gobelet.

Le sculpteur gagna la rive extrême de la petite place et là, enfin, leva les yeux.

La cathédrale dressait ses quatre rangs d'ogives, ses trois zônes de statues. Les gros rois barbus riaient au soleil qui chauffait leurs robes et le bout de leurs pieds.

— Ces bonshommes ne voient pas le massacre des anges, des évêques, des docteurs et des prophétesses du portail occidental. Et verraient-ils ces assassinats, qu'ils souriraient encore. Inébranlable est leur confiance. Ils ne l'ont pas perdue lorsque la flamme léchait leurs simarres, tordait les gargouilles, fendait les colonnettes des niches où s'abritent les séraphins porteurs des instruments de la Passion, et grillait l'échafaudage, ardent corset de la Tour du Nord. Ils savent que les hideux forts à coupoles, les plates bâtisses des cités modernes s'effondrent sous les boulets, mais qu'il n'est pas de fureur humaine capable de renverser une œuvre d'équilibre, d'harmonie et de foi. Sous l'outrage, l'édifice frémit. Des têtes, des bras, des auréoles, des fleurons tombent. Les vitraux parsèment les dalles de morceaux de ciel, de larmes d'azur, et la pensée immortelle brille, toujours aussi haute, aussi pure. L'épreuve a magnifié l'église. Je suis content !

Le menton de saint Nicaise, le martyr au crâne scié, avait été emporté en même temps que le visage et la main de l'ange adorable. Les autres statues, amputées ou

décapitées, ressemblaient, en leurs vête-
ments calcinés, à des chrysalides. Près des
ébrasements gisaient les maigres tas des débris vénérables.

Un maçon lui dit à l'oreille :

— Entrez. C'est défendu, mais nous étay-
ons et vous passerez inaperçu.

Il déclina l'offre. Il redoutait l'impression
funèbre du sanctuaire et désirait consacrer
les instants qui lui restaient au portail sep-
tentrional.

Il s'y rendit et s'assit sur le rebord d'une
fenêtre de la sombre rue. Il se savait devant
la merveille, et fixait le sol, se recueillait.
Personne ne troublait sa pieuse préparation
à la vision du Dieu.

Alors, au fond de son cœur, une voix pro-
nonça les dernières paroles qu'il devait entendre :

— Je t'ai appelé, et tu es venu. Je te bénis, descendant spirituel des ouvriers qui,
en édifiant des temples à la gloire de mon

Père, renoncèrent à représenter Celui dont l'esprit est en toute chose et au-dessus de toute chose et défie toute forme, et placèrent, entre Lui et les hommes, l'image de son fils fait homme. Le monde est peuplé des images de mon incarnation humaine. Il en est de touchantes sur des calvaires rongés de mousse, il en est de somptueuses, couvertes d'or et de pourpre, il en est de douloureuses, où le sang de mes veines ruisselle jusqu'à terre. Et toutes sont mensongères ! Là, je suis confondu avec les vestiges des cultes abolis. Ailleurs, pourquoi me charger d'or, quand j'ai enseigné la pauvreté ? Pourquoi s'ingénier à embellir mes traits, quand je n'admets que la seule beauté de l'âme ? Et partout, partout, pourquoi projeter l'ombre de la croix, étaler mes plaies, et perpétuer, avec mon agonie, le crime de mes bourreaux, quand je suis mort en leur pardonnant ? L'homme qui a façonné cette statue a matérialisé ma volonté. Je n'habite pas moins ce corps de pierre que le tabernacle, et qui le regarde et l'aime n'en communie pas moins que celui qui reçoit l'hostie. Tu es parmi ceux-là. Tes joies, ton foyer tranquille, ton labeur honnête, tu as tout quitté pour me prêter le secours de ton bras contre les hypocrites sacrificateurs des divinités orgueilleuses qui assiègent ma maison par le fer et par le feu. Approche.

D'un bond, le sculpteur traversa la rue, et s'agenouilla. Voyant sur la joue gauche du Dieu la trace d'un projectile, il murmura :

— J'arrive trop tard.

Et pleura.

Le Christ baissa les paupières et dit encore :

— Comment cette longue bataille des Justes contre les Vilains ne m'atteindrait-elle pas ? Comment ne saignerais-je point, lorsque les rivières se colorent du sang des Bons ? Et si tu livres ta chair à la souffrance pour l'Idée qui passe par ma bouche entr'ouverte comme un souffle, sous mes sourcils pleins d'ombre comme une douce clarté, ne me crois-tu pas prêt à reprendre la voie du supplice, puisque les hommes oublient que je suis mort pour l'amour des hommes ?

A ce moment, les ménagères, les vendeurs et les cochers, qui stationnaient sur la place du marché, saluèrent le sifflement d'une bombe.

— Encore la cathédrale qui écope, constatèrent-ils.

Au premier obus, qui fit voler un toit voisin du portail, le sculpteur escalada la stèle des Drapiers, et, se haussant sur l'aile du dragon qui rampe aux pieds du Dieu, offrit à la statue le rempart de son corps.

Il ne percevait ni les hurlements sauvages, ni les explosions des obus. Plongé dans une béatitude absolue, il tenait le Dieu embrassé. Il s'enivrait de sa tiède haleine. Les anges des voussures jouaient une musique ineffable et la voix disait :

— Heureux ceux qui ont faim et soif de justice, parce qu'ils seront rassasiés. Heureux les pacifistes, parce qu'ils seront appelés enfants de Dieu. Heureux ceux qui souffrent persécution pour la Beauté, parce que le royaume du ciel est à eux. Heureux ceux qui meurent jeunes, parce qu'ils n'auront pas enduré les mille morts de la vie...

Puis le Christ inclina la tête et le baisa au front.

Quand le bombardement prit fin, le soldat tenait encore la statue embrassée. Pourtant, il était mort.

On supposa que la force de la déflagration l'avait écrasé contre le Christ dont les lèvres et la barbe étaient rouges. On ne remarqua pas l'éclat qui lui avait broyé les reins.

Le Demi-Dieu.

Je suis allé quérir un ordre près d'un Commandant du Régiment actif avec lequel nous « prenons » les tranchées. Sa cagna, que chauffe un poële, fait penser, avec ses murs tapissés de sapin, à une isba, à une bergerie norvégienne, à un abri de montagne qu'une rafale de neige aurait à demi enseveli; car la marne donne au jour, qui pénètre par les étroites fenêtres du toit, l'éclat blafard des glaciers.

Un dessinateur, à larges traits de charbon de bois, sur les parois de planches, a campé des figurines amusantes. La tête d'un cavalier, dont le cheval boit dans une mare, est un chef-d'œuvre. Elle est triste de toute la tristesse du sacrifice, et résolue, de toute la

résolution de faire payer le sacrifice très cher.
à l'ennemi. Après la guerre, on disloquera
les gourbis, on en vendra le bois, et c'en sera fait de ces « cartons »..., à moins que,
la guerre durant mille ans, les archéologues
des temps futurs ne découvrent les fresques
ensevelies sous une couche de marne et de
squelettes : le Pompéi de Champagne.

Le commandant est maigre, grand, os-
seux : trois lignes noires, ses cheveux, ses
sourcils, sa moustache. Il croque à belles
dents des rôties qu'il trempe dans un quart.
Il me fournit les indications voulues. L'en-
tretien est terminé. Je n'ai qu'à me retirer.

Cependant, je reste. Quelque chose me re-
tient, que je ne peux définir. Est-ce l'origi-
nalité du gourbi, où se joue la fantaisie d'un
artiste, peut-être tué maintenant ? La présence de ce chef jeune, plein de vigueur ?
Je suis très bien, ici. Depuis les semaines
vécues dans les gourbis souterrains, les tranchées, les granges poussiéreuses, je me lais-

se gagner par la tiédeur de l'appartement. La couleur dorée des rôties, la vapeur qui s'échappe du quart et tourne autour de doigts nerveux, longs et propres, me rappellent que c'est l'heure du thé, et le moment de s'insérer au creux des coussins liberty, dans des fauteuils carrés. Nous allons échanger des propos légers, des cigarettes orientales...

— Vous pouvez disposer. Je n'ai rien à ajouter.

Il n'a pas compris ! Il n'a pas compris ! Chacun de nous espère une détente. J'en sais qui rêvent d'avaler un repas copieux servi chaud sur une nappe blanche, d'autres que tourmente la nostalgie d'un matelas de plumes, la plupart s'attendrissent en songeant au cidre nouveau; le commandant, en m'invitant à grignoter des rôties et à parler, même de la guerre, en « gens du monde », me comblerait de joie. Il n'a pas compris ! Il n'a pas compris !

Mon Dieu, que les marches de sa cave sont dures à monter, hautes et glissantes...

A un soldat de son régiment, je demande si le Commandant d'I... est un chic type !

— Lui ? Ah !

Le petiot crache, cligne de l'œil. Il en connaît sur le compte de son commandant ! Sympathie ? Mépris ? Ni l'un ni l'autre. Son âme éclate d'un sentiment qui ne peut s'exprimer. Ma question l'a désobligé. On ne doit pas dire que le commandant d'I... est un chic type. Il consent cependant à paraphraser, parce que j'insiste :

— Y a pas d'officier plus franc.

Franc, pour un « gars de ch'Nord », cela signifie brave, et dans la bouche de l'enfant sans peur qui suce une pipe éteinte, cela signifie héroïque.

— Il peut bien traverser l'eau et le feu. On l'y suivra, hein ?

Je suis éclairé maintenant, non seulement sur la valeur de l'officier, mais sur l'origine de l'attirance qu'il avait exercée sur moi.

J'entends qu'il est valeureux au vieux sens du mot, qu'il correspond bien à la conception antique du héros. Je me suis trouvé en face d'un homme qui, dans le commun de l'existence, ne « déboulonna » probablement rien, et que les circonstances rangent parmi les demi-dieux. Sur un geste de sa main, une troupe courra à la mort, et s'il revient, après l'action, les lèvres des blessés se tendront pour baiser la main qui a fait le geste ! Si une divinité sommeille en chacun de nous, la sienne était casquée, et il fallait la guerre pour la réveiller. J'ai dû éprouver un peu de la fascination qu'exerçait Napoléon sur les plus indifférents.

— Même qu'il s'expose trop. Il ne faudrait pas qu'il meure, celui-là, hein ? Il est de chez nous, des pays envahis.

Le petit gars se tait. Il est retombé dans une sorte de torpeur qui est le mur derrière lequel se passe le drame continu de son inquiétude, de son humiliation, de sa haine, les alternatives quotidiennes d'espoir rageur et de morne abattement.

Je n'en saurai pas davantage sur le commandant d'I...

Pourtant, je l'admire comme il ne m'est jamais arrivé d'admirer Napoléon. Il ne porte, sous sa chevelure drue et sombre, aucun projet grandiose, aucun plan de bataille. Il représente, aux yeux de ses hommes, autre chose et plus que la gloire : le village ou le coron, le champ ou la mine, le travail paisible, le soleil sur un coin de jardin où une femme étend la lessive, où un enfant s'étonne de voir le ciel dans un petit bassin; tout un bonheur humain, toute une raison de vivre...

Le prestige d'une bravoure enveloppée de tendresse déborde la puissance impériale.

La petite patrie, décidément, c'est toute la grande.

Après l'Attaque.

« Mon amie,

« Depuis vingt jours au moins, vous devez être officiellement informée de sa mort. Sans doute, attendiez-vous une lettre de moi alors que j'espérais une lettre de vous. Je romps un silence qui ne saurait durer.

« Le hasard n'est pas aveugle. La coïncidence qui nous a rapprochés, votre mari et moi, n'a-t-elle pas été déterminée par cette volonté supérieure que nous appelons la force des choses, et qui met subitement en présence, à certaines heures décisives, des êtres que réunit un constant échange de pensées, que cet échange soit de l'amour ou de la

haine ? Lorque la décision régimentaire
m'a, en qualité de sous-lieutenant, affecté à
la compagnie que commandait votre mari,
j'ai senti qu'un dénouement allait interve-
nir, et que l'un de nous deux disparaîtrait
autrement que dans un duel. (Vous vous
souvenez que nous avions renoncé à cette
solution d'un commun accord, par peur du
scandale.)

« J'ai rencontré votre mari à la porte de
son gourbi. Il était pâle. Je devais l'être aussi. Clignant des yeux, comme s'il regardait
loin, très loin, dans le passé, il me dit :

— Lieutenant, soyez le bienvenu. Nous
collaborerons à une œuvre sainte. Notre
unique souci doit être le bien du service,
jusqu'au jour où nous nous élancerons contre le mur d'en face, au pied duquel la mort
nous étreindra l'un ou l'autre, ou l'un et
l'autre. Je peux compter, n'est-ce pas, sur
votre dévouement ?

Je répondis, au garde-à-vous :

— Mon capitaine, l'accomplissement de la tâche qui nous incombe m'absorbe entièrement. Rien ne subsiste en moi, que le désir de conserver, toujours intacte, toujours active, mon énergie. Vous en disposez, avec ma vie, sans réserve.

« Les talons joints, il reprit :

— Je vous remercie.

« Aussitôt, il m'entraîna dans la tranchée, dont il me décrivait l'organisation générale et les défenses particulières. Arrivés à une série de créneaux, nous examinâmes les lignes ennemies. Autour de nous, des hommes veillaient, penchés à l'entrée de ces petits tunnels de bois pareils aux trous sertis de cuivre des baraques, où, pour deux sous, on se repaît des reconstitutions de grands drames et d'accidents célèbres... C'était la guerre, le plus grand drame humain, vers lequel était braquée notre lorgnette de sapin, et, pour un profane, pas de spectacle plus plat, plus insignifiant. Derrière les piquets de notre ligne, balafré par les stries de nos fils de fer, s'étendait un paysage nu et brun. Personne. Le désert. Une charrue, une herse abandonnées. Un cheval, momifié, les côtes saillantes.

« Mais votre mari avait fixé sur l'épaulement un plan des ouvrages allemands, et suivait, mètre par mètre, la tranchée adverse, mince bourrelet festonnant au long d'une faible colline, comme une cicatrice. Il m'indiquait l'emplacement des abris de mitrailleuses, des blockaus, des galeries de tir. Ainsi, j'apercevais toute l'économie de ces travaux souterrains et sournois, ainsi, chaque levée de terre prenait un sens précis, une importance extrême; chaque nuance du sol soulignait un perfectionnement réalisé par l'ennemi, révélait sa tactique et montrait les points essentiels que notre artillerie écraserait avant l'assaut. Des chaumes ras, de la campagne monotone, montait un pathétique jusqu'alors inconnu. Une sauvagerie intelligente se cachait là, sans cesse aux aguets, une usine de carnage dont nous n'apprécierions la puissance qu'en bondissant à travers ce maigre labour, à peine bon pour quelque battue de lièvres et qui boirait notre sang.

« Nous regardions alternativement les lignes allemandes et le plan, patient travail, résultat d'observations personnelles et de documents photographiques d'aviateurs. Votre mari s'animait, nos doigts se frôlaient sur le plan, nos visages, dans le cadre du même créneau, se touchaient presque. Sa moustache chatouillait ma joue.

« Après l'inspection minutieuse, nous regagnâmes le gourbi. Il s'adressait aux hommes, chemin faisant, sur un ton rude et familier qui leur convient. Il plaisantait avec cette voix grasse et vulgaire qui vous blesse, mais il était compris de ses soldats et en obtenait ce qu'il voulait. A mes oreilles, tintait votre dépit : « J'ai épousé un entraîneur

» d'hommes, sa femme seule ne le suivra
» pas... » Ce qui vous le rendait odieux,
mon amie, en faisait un admirable guerrier.
Je vous entends répliquer que le procès de
la guerre est dans la mentalité du guerrier...
Mais puisqu'on se cogne, ces gens-là sont nécessaires, et la perte d'un tel chef est très regrettable.

« En entrant dans le gourbi, il me dési-
gna une couchette au-dessus de la sienne.

— Voici la couchette de votre prédécesseur.

« Je ne pouvais admettre de passer mes
nuits dans son abri. J'allais lui dire que je
chercherais un autre gourbi, que ma place
était au centre de ma section (j'aurais plutôt
couché au fond d'une tranchée, à la belle
étoile). Il insista :

— Vous pourrez vous allonger à peu près,
j'espère ?

« Il m'entretint ensuite de la compagnie, de
l'esprit des hommes, de la valeur des sous-
officiers. Il ajouta :

— Je me félicite du départ de votre prédécesseur, évacué sur un centre d'instruction. Il manquait, malgré sa vigueur, de vraie bravoure.

« Se félicitait-il de me voir à la place de son ancien collaborateur. ?

« Je m'habituai à la pénombre du gourbi. Je distinguai, fixée au montant de sa couchette, votre photographie, celle que vous avez fait faire pour moi chez Otto, celle que je porte sur moi... Pourquoi cette épreuve, qu'il honorait d'un bonsoir quotidien, me parut-elle différente de celle que nous avons baisée ensemble avant mon départ ? Je vous retrouvai la moue ennuyée, hautaine et lasse que je vous connais dès qu'il vous faut reprendre votre expression de femme du monde devant les importuns, ou simplement de femme, devant lui !

« Il me parlait, en votre présence, sur un mode si reposé, si naturel, qu'un soupçon avilissant m'effleura, dont j'ai honte aujourd'hui. J'ai cru qu'il captait ma confiance et profiterait de mon sommeil pour nourrir, de la copie de vos lettres, enlevées de mon portefeuille, un dossier qui, plus tard, lui servirait. C'était absurde.

« Nous dinâmes, accroupis devant une caisse de cartouches. Il m'offrit des conserves. Il accepta mes cigares.

« Et, tout en fumant :

— Il ne faut pas oublier une seconde que les yeux de nos hommes ne nous quittent pas. Nous leur devons donner, du soir au matin et du matin au soir, l'exemple de la force d'âme, de l'unité de commandement et de la communion de pensées. Nous ne nous appartenons plus, ce qui est déjà dur, nous appartenons encore moins aux nôtres qui tremblent pour nous, à nos amis qui nous écrivent parfois des lettres trop timorées. Nous n'avons le droit de songer ni à l'avenir, qui est d'une extrême fragilité, ni au passé, dont les joies et les chagrins seraient également déprimants. Un homme nouveau est né en nous le 2 août 1914. Un homme qui est à l'individu primitif ce que l'armure était aux chevaliers de Bouvines. Un homme dont les yeux ne papillotent pas devant les éclairs des canons et des lames tirées du fourreau. Ses bras ne se lèvent que pour frapper. Sa seule préoccupation est la puissance, chaque jour accrue, des ouvrages; sa seule coquetterie, la propreté de la tranchée; son seul désir, résister et vaincre. Il sait que la sincérité de sa foi dans la victoire gagne ses camarades et que le moindre fléchissement de volonté se propage indéfiniment. La guerre est un mélo gigantesque. Nous en sommes les acteurs, les cabots, et comme Chose de la Porte-Saint-Martin, ou Machin, de l'Ambigu, nous devons avoir le constant souci de l'effet. Après le théâtre, ils disent, en soupant : « Suis-je assez bien mort, ce soir ? » Et nous, destinés à tomber à quelques pas de nos hommes, nous ne cesserons de penser : « Je me sens étonnamment en forme pour bien « mourir aujourd'hui ». Votre prédécesseur ne comprenait pas cela. Vous, vous m'entendez fort bien. Je n'aurai pas à redouter les remarques désobligeantes de mes troupiers sur la mésintelligence du capitaine et du lieutenant. Entre moi, officier de carrière, et vous, officier occasionnel, ne saurait exister aucune des rivalités qui tiraillent la grande famille militaire. Vous n'escomptez pas ma défaillance ou ma mort pour orner votre manche d'un galon supplémentaire. La jalousie de métier ne troublera pas notre collaboration étroite.

« Il m'accompagna dans ma ronde du soir. Parfois, il s'arrêtait pour me dire :

— Ici, j'ai perdu deux hommes. L'obus avait éclaté sur le revers du talus. Il n'en est pas resté gros, de mes pauvres petits gars ! ou encore : Là, un général en inspection a découvert une boîte à sardines jetée sur le parapet extérieur de la tranchée. Sur son ordre,

un homme a dû grimper pour la chercher.
Une balle l'a frappé au cœur. Sous prétexte
que le taux de la vie humaine tend vers zéro,
certains chefs exposent les soldats pour des
idioties. La vie a le prix que la nation y attache, d'abord, que diable !

« Votre mari était méconnaissable, et, pour
reprendre la comparaison dont il s'était servi,
l'homme d'armes me cachait complètement
le vieil homme, celui que j'avais abhorré
parce que vous souffriez par lui. Aurait-il jamais, autrefois, tenté d'analyser des impressions justes, et témoigné, lui si brutal, tant
de pitié pour les victimes d'une discipline mal
comprise ?

« Cependant, le soin avec lequel il avait
placé votre photographie, de façon à s'endor-
mir et à se réveiller dans la contemplation de
votre image, démentait son prétendu mépris
de la vie sentimentale. Puisait-il, dans une
muette prière à ce qui survivait de vos premières années heureuses, l'énergie et l'audace

nécessaires ? Etait-ce bien seulement devant ses soldats qu'il souhaitait donner l'exemple d'une belle mort ? N'était-ce pas aussi devant moi et devant vous, pour que, sur nous, pesât, comme un remords, l'ineffaçable souvenir de son geste de héros ?

« La nuit venue, après la vérification de nos postes d'écoute, la visite des sentinelles, la revue de nos patrouilleurs, nous rentrâmes.

« Il me proposa des brochures. Je remerciai et m'installai dans ma couchette. Après avoir masqué le reflet de la bougie, il ouvrit la porte et respira bruyamment. Il faisait très doux. Le canon grondait à quelques lieues de nous, mais le calme absolu régnait sur le front de notre secteur. Votre mari était appuyé au chambranle et tambourinait sans nervosité sur la poutre sonore, tandis que mon cœur battait si violemment que je craignais qu'il ne l'entendît.

« A peine fut-il allongé, que son souffle devint égal. Le sommeil l'empoignait, rapide

et profond. De temps en temps, des pas a-
mortis par le sol mou, le grattement des mu-
saraignes entre les rondins de notre toit, le
crépitement des éboulis de terre. Je retrou-
vais ici, dans les tranchées de Champagne,
les bruits nocturnes des tranchées du Nord
ou du Soissonnais. D'un bout à l'autre du
front, même monotonie, même cadre étroit
et sombre. D'innombrables camarades éprou-
vaient des sensations analogues; mais, d'un
bout à l'autre de la ligne de feu, notre gourbi
était le seul qui abritât deux êtres qu'une ri-
valité implacable avait séparés, et que rap-
prochait soudain la communauté des devoirs.

« J'allumai ma lampe électrique. Je diri-
geai son faisceau blafard sur votre photographie. Je vous regardai longtemps, jusqu'à re-
posséder, seul et triomphalement, vos yeux
à moi, votre bouche à moi... Quelle étrange,
quelle extravagante extase ! Votre mari s'a-
gita, soupira, grommela. J'éteignis. Et vous,
je vous savais là... et bientôt vos lèvres fer-

mèrent mes paupières. Mon amie, deux hommes reposaient sous la protection de la radieuse icône, le cœur rempli de vous.

« Pendant une semaine, notre conversation fut limitée aux questions de service. Je ne voulais pas me départir d'une réserve sévère. Nous évitions de toucher à des sujets généraux qui auraient pu provoquer une divergence d'opinions. Nous ne nous serrions pas la main. Je mettais un point d'honneur à le seconder de toute mon attention, et il me félicitait en souriant de prévenir toujours ses ordres.

« Paix sur la terre aux hommes de bonne volonté ! Notre bonne volonté était évidente. Nous en retirions l'inestimable bienfait.

« La trahison bulgare brisa notre pacte de mutisme. Notre indignation éclata du même coup à l'arrivée des journaux. Nous reconnûmes alors que nous jugions les événements et envisagions leurs conséquences d'une manière identique. Vous me direz qu'il n'y avait rien là de surprenant chez des hommes partageant depuis des mois mêmes espoirs, mêmes découragements, mêmes lassitudes, mêmes résolutions, et que ce qui faisait l'union sacrée du pays aidait un peu à la nôtre.

« En avançant dans le domaine de notre intimité morale et métaphysique (car il est rare de ne pas mêler quelque mysticisme aux préoccupations actuelles), j'observai combien était fréquente la parité de nos impressions. Peut-être avions-nous, en nous détestant, trop vécu dans la pensée l'un de l'autre pour ne pas finir par nous ressembler un peu. Peut-être un même amour orientait-il, en le subjuguant, notre esprit vers un même pôle intellectuel. D'ailleurs, pourquoi ces vaines recherches ? Les faits, les tristes faits, se moquent de nos scrupules psychologiques...

« Un soir, il a reçu une lettre de vous. De ma couchette, je l'ai vu déchirer l'enveloppe, déplier le papier où courait votre haute écriture. Je me suis détourné d'abord sous l'élancement d'une douleur vive. Il a lu et relu votre lettre, se penchant un peu plus à chaque page; il a arrêté la dernière sur ses lèvres.

« Le lendemain, à dix heures, on nous ordonna de nous préparer à l'attaque.

« Le travail d'artillerie commença à midi. Ce fut un effroyable cyclône. Les relations des journaux sont exactes. En les étudiant, je me suis aperçu que maints détails, pourtant typiques, ne m'avaient pas frappé. Quand on doit mourir, on met ses affaires en ordre. Avant l'assaut, le soldat ne pense qu'à cela. La griserie et l'oubli de la peur viennent quand la vague déferle. Mais, entre la minute où on règle ses montres, et celle où on enjambe la tranchée, on s'agrippe désespérément au passé. « Ma vie se développa « comme une fresque dont les personnages « souriaient dans une lumière de fin d'été », me confiait un camarade.

« Vous étiez pour moi cette lumière, et de

si loin qu'accourussent mes souvenirs, le rayonnement de votre personnalité les environnait. Ce fut un éblouissement, suivi d'une éclipse affreuse. Qu'aviez-vous pu écrire à votre mari ? Et je souffris ! Ah ! m'en aller à la mort sans tarder ! Ne plus endurer le tenaillement de cette suprême alternative : vous laisser à jamais sous le joug d'un homme hostile, ou survivre, avec la crainte d'un remords macabre...

« Les canons et les fusées illuminèrent la nuit. A cinq heures du matin, on lança le signal.

« Votre mari est tombé à vingt mètres de notre tranchée. Il s'est relevé. Pendant que je le soutenais, une balle m'a cassé le bras gauche. Nos soldats bondissaient devant nous, en hurlant .

« Votre mari m'enjoignit de rentrer me faire panser. Je refusai. Il insista avec une voix terrible. Je refusai encore. Il perdait plus de sang que moi. Il était livide. Mais dans ses yeux et dans les miens, sans doute, brillait une flamme que n'allumait pas l'exécration de l'ennemi... C'était votre passion, mon amie, qui nous dévorait. C'était à qui, de nous deux, en nous disputant l'enjeu de votre admiration, saurait se sacrifier avec le plus de beauté. Vous aviez surgi, merveilleusement sereine, dans la tourmente, au-dessus du rempart allemand, pour accueillir le premier arrivé et le premier mourant...

« Un éclat lui fracassa l'épaule. Une seconde balle me cassa la jambe. Nous avancions à genoux, nous rampions, teignant le sol de deux sillages rouges. Nous avons sauté ensemble dans la tranchée, déjà occupée et « nettoyée » par les nôtres.

« On nous transporta dans une cagna d'officier boche. L'hauptmann y avait été tué par une grenade. On le sortit par les pieds. On nous étendit sur son lit, côte à côte.

« Si faible qu'il fût, votre mari parla ainsi:

— Mon compte est bon. Vous devez être

moins atteint que moi. Vous lui écrirez, je vous prie, que je n'ai pas flanché et que j'ai contribué, pour ma part, au succès d'aujourd'hui. Nous avons failli nous battre, autrefois. Voilà l'honneur satisfait. Nous nous sommes mesurés contre les barbares... Nous sommes touchés l'un et l'autre. Cela vaut bien tous les duels possibles et efface jusqu'aux dernières rides de la rancune. Le sort, qui n'est pas si bête qu'on le croit, nous oblige en nous couchant ici, paralysés et saignants, à nous quitter en frères.

« Il me demanda ma main.

« Le mouvement que je fis pour serrer la sienne, brûlante, me causa un mal si aigu que je m'évanouis. Quand je repris connaissance, il étreignait encore ma main, mais ne respirait plus.

« Dans la grandeur du silence qui a suivi les quelques mots murmurés à mon oreille, sa pensée continuait en moi. Il me pardonnait ! La mort imprimait à ce pardon un caractère de magnanimité que je ne pouvais accepter. La paix qui descendait sur son visage immobile m'exaspérait. Une sorte de contentement orgueilleux gonflait ses traits et m'humiliait. Son expression figée de fierté béate me devenait odieuse, je comprenais quelle ultime vengeance il avait tirée : la vengeance par la douceur !

« En absolvant « notre faute », il nous empêchait à jamais de nous aimer librement, il dressait entre nous l'ombre de son indulgence, il empoisonnait notre amour de la saveur amère du sacrilège. Ah ! s'il entendait encore, comme je répondrais fièrement, au seuil même de la mort ! La fièvre me gagnait. Mes artères secouaient mon cerveau de coups redoublés. Au-dessus de nous, la contre-attaque allemande se déclanchait. Le plafond de terre tremblait, des gravois détachés crépitaient sur la paille, précédant peut-être l'écroulement de la voûte. On nous abandonnait... Combien d'heures demeurerais-je près de lui ? Combien d'heures y suis-je en effet demeuré, voulant à tout prix m'écarter de lui ? Je haïssais cette face placide, où je ne voyais que sarcasmes et vile satisfaction. Après des efforts qui m'arrachèrent des cris, je parvins à jeter un peu de paille sur lui... Oui, mon amie, j'ai fait cela !

« Au matin, les hommes ayant consolidé notre conquête, et les communications avec l'arrière étant rétablies, on nous sépara enfin. On commença par lui. Lorsqu'on le dégagea, son visage m'apparut tout autre. Il était triste et noble. Le regardai-je moi-même avec des yeux apaisés ? Le front était très blanc, la bouche entr'ouverte; les paupières mi-closes accusaient une dignité rigide et douloureuse.

« Deux soldats de sa compagnie pleuraient. Au moment où ils allaient l'emmener, je me soulevai pour le regarder une dernière fois. Toute haine éteinte ! C'était la statue couchée du Devoir. De quel devoir ? Le devoir militaire l'avait poussé vers la mort; mais, fauché par la mitraille, n'avait-il pas obéi à un autre devoir, très chrétien ?... Je demandai alors à l'un des soldats de m'aider à le saluer militairement. Avant de l'ensevelir, on retira de ses poches son portefeuille et son argent. Pendant cette opération, j'aperçus votre lettre, épinglée à l'intérieur de sa chemise.

« Porté sur la seconde civière, je le suivis parmi les boyaux. En franchissant la rivière, le rebondissement, sous les pas de nos brancardiers, de la passerelle élastique et légère nous balança d'un même rythme.

« Tout cela me paraît tenir du rêve.

« Ici, peu à peu, je reprends pied dans la réalité. Ma blessure va m'interdire avant longtemps de retourner au front. J'ai devant moi des semaines de tranquillité et de sécurité.

« Cependant, une mélancolie, que je ne soupçonnais pas, me pénètre. Le retour de mes forces me déroute. Je renais à la vie, et la vie me semble changée au point qu'une rééducation me sera nécessaire pour en tolérer le poids. Je doute souvent si je suis éveillé, je doute encore davantage du réveil, en joies et en peines, de mes jours anciens. Et en évoquant le passé, qui est tout entier blotti au creux de votre main, je commence ma lointaine biographie à la manière des jolis récits fabuleux : « Il y avait une fois une « princesse belle comme un matin de prin- « temps... »

« Vous achèverez le conte en me venant voir, si vous ne redoutez pas une émotion que les médecins me permettront bientôt, j'es- père, de partager avec vous. »

* *

« Mon ami,

« Quand mon mari m'a appris que vous étiez nommé à sa compagnie, comme vous, j'ai vu là, non un caprice du hasard, mais la menace d'un dénouement tragique. Comme vous, plus vivement que vous, j'ai souffert dans l'angoisse. Quel qu'il pût être, ce dénouement devait trancher nos destins. Dès lors, je n'osais regarder ni en avant, ni en arrière. Je considérais avec une piété craintive le secrétaire où je conserve vos lettres. Je ne l'aurais ouvert pour rien au monde.

« Je devance votre interrogation inquiète. Je répondrai franchement à la franchise avec laquelle vous me racontez votre atroce nuit près du corps de mon mari. Il y a quinze jours, j'ai allumé un grand feu, et livré à la flamme papiers et souvenirs.

« Mon ami, je ne suis plus qu'une veuve.

« Vous me connaissez assez pour ne pas croire que je mette un orgueil quelconque à me parer de la mort d'un héros. Mes voiles ne sont pas démesurés, je ne porte aucun insigne. Je ne me montre à personne. J'ai condamné ma porte. Demain, je pars pour la Corrèze, chez ma vieille tante de Bernac. Je me plais à penser que la solitude de son château abritera doucement mon double deuil. Je n'irai pas vous voir. Mon courage m'abandonnerait devant votre lit d'hôpital. J'ai un besoin impérieux de calme, de réflexion, de pieux entretiens avec moi-même.

« Mon double deuil : mon mari, notre passé.

« Une semaine avant l'offensive, mon mari m'a écrit une lettre éperdue. Il me rappelait le début de notre union, les premières années sans nuages; avec un pressentiment très net de sa fin prochaine, il ressuscitait cette ère de parfait bonheur, et me suppliait de lui révéler, si cruelle que pût être pour lui la révélation, l'origine de mon détachement.

« Dans un frémissant examen de conscience, il me conjurait de répondre à chacun des reproches qu'il s'adressait. Lui, si arrogant, se faisait humble, petit garçon; à mes genoux, la voix pleine de larmes, il me demandait : « N'ai-je pas été bon, aimant, caressant ?... » C'était naïf et touchant, et c'est ma réponse attendrie qu'il a lue devant vous, dans le gourbi.

« Elle était toute claire, ma réponse. Je ne lui dissimulai pas les sentiments que vous m'avez inspirés et je ne vous cacherai pas non plus que je parlai de notre amour comme d'une adorable chose ancienne. Moi aussi, j'aurais pu commencer : « Il y avait une « fois... »

« Je n'ai rien atténué. Je n'ai rien abjuré, rien promis.

« Je protestai seulement auprès de mon mari que, sans repentir et sans faiblesse, je l'accompagnais au milieu du danger, que mon âme, libérée de toute passion, de tout désir, livrait sans distinction ce qui lui restait de tendresse à ceux qui se battent pour nous, pour la justice, et que je m'isolais dans une fervente prière pour les braves, qui dominent l'humanité.

« La mort est venue. Elle était attendue. La vôtre ? La sienne ? L'une ou l'autre devait changer ma torture en stupeur et laisser tomber une lourde pierre sur ce qui a précédé l'acte grandiose et farouche de la guerre.

« Oh ! non, ne l'accusez pas d'avoir exercé, *in extremis*, une vengeance par la douceur ! Il n'y a aucun spectre entre nous, et rien d'autre qu'une montagne de cendres, les cendres de ce que nous avons été et ne pouvons plus être !

« Mon ami, ayons pitié de nous... Une aurore éclairera-t-elle jamais cette nuit sanglante ? Peut-être. D'ici là, mon ami, silence... silence... »

Le Peintre d'Armées.

Sur la demande du Musée de l'Armée, ou
de l'École des Beaux-Arts, ou du Musée Car-
navalet, à moins que ce ne soit du Cabinet
des Estampes, sans omettre l'Institut, des
peintres très décorés, au talent contrôlé, par-
courent les différents secteurs. Je n'en savais
rien avant ce matin.

En conduisant une corvée de fils de fer, je
me suis cogné, dans un détour du boyau, à
un vieux guerrier fort étrange. Il avait une
peau de bique, et, bien que le thermomètre
marquât huit au-dessous de zéro, elle n'était
pas boutonnée et se relevait assez pour donner de l'air à une large croix d'officier de la

Légion d'honneur. Ses cheveux étaient gris; sa moustache courte, taillée bref sur une lèvre énergique et indulgente, dénotait un certain souci de martiale élégance.

Nous nous sommes effacés, les doigts joints à la hauteur de la visière. Le chef a répondu à notre salut par un : « Bonjour, les enfants » qui révélait à la fois le sentiment d'une supériorité permettant à la condescendance d'aller jusqu'à l'affection, et un je ne sais quoi de camaraderie qui fleurait le civil déguisé en militaire. Il était suivi d'un soldat menu, menu, balafré, lui aussi, de la Légion d'honneur, chaussé de souliers américains et porteur d'une boîte de bois et d'un pliant.

Stupeur de la corvée.

— C'est Joffre.

— Mais non, c'uilà n'a pas de ventre.

— C'est Castelnau.

— Jamais de la vie, Castelnau est tout petit.

— Il y aura du nouveau.

— Je te dis que c'est Joffre.

— Et la boîte ?

— C'est son plan de campagne.

— Et le pliant ?

— .....

Mes bonshommes reviennent des troisièmes lignes, chargés de bobines de ronces artificielles. A les voir serpenter dans le boyau, on croirait une immense chenille qui déroule ses anneaux barbelés de poils piquants.

Nous soufflons un quart d'heure en secondes lignes.

Le haut dignitaire est là, contre un talus. Il a installé un chevalet, s'est assis sur le pliant. Déjà, il barbouille. Wisthler résumerait le paysage plat et gelé que limite l'alignement triste des arbres du canal : argent et bleu.

— Eh bien ? Qui est-ce ?

— Il paraît que c'est Y..., de l'Institut.

— Ah ! c'est Y... C'est, ma foi, très réussi, ce qu'il fait en ce moment. En quelques coups, il a posé les valeurs, créé l'atmosphère. Ce que c'est que la guerre ! Comme ça vous décortique un talent ! Il faut aller vite, avec un rien de danger qui excite... La vision se fait aiguë, rapide, avide de saisir et de synthétiser; la main se hâte... La minute d'après nous appartiendra-t-elle encore ? Les jolis dons, que l'école a déformés, accourent sous les doigts. Comme on oublie l'école ! Et le travail d'atelier ! Et les commandes de l'État ! Et les Salons ! Oh ! n'insistez pas, Monsieur Y... ! Tenez-vous-en à ce croquis. La grande toile que vous brosserez pour les annales illustrées de la campagne n'en pourra être qu'une pâle et grandiloquente réplique...

Y... demande un modèle pour animer le paysage. Un soldat pose.

— Comme ça ?

— Comme vous êtes, mon ami.

Et la conversation s'engage :

Y... — Est-ce si pénible que ça, en somme, la guerre ?

Le soldat. — Des fois !

Y... — Oui, mais quels souvenirs, pour plus tard !

Le soldat. — Les souvenirs pour plus tard, ça ne fait toujours pas le bonheur du moment.

Y... — Le souvenir de les avoir vaincus ! Ce ne sera pas rien, car on les aura, les Boches !

Le soldat. — On les aura.

L'homme se découpe sur le ciel blanc. Il a un nez droit, un menton volontaire. C'est net, précis comme un camée.

Y... — Et puis, la belle vie ! Vous vivez double !

Le soldat. — Seulement, y a les risques...

Y... — Les risques ? On s'y fait si vite ! Vous le savez mieux que moi !

Et Y... rit largement, d'un rire gaillard où sonne l'immortelle, la crâne, la gamine, la farouche, l'indomptable, l'ardente gaîté française...

Chu-chu-chu-chu-chu... Brrranng !

Le chevalet est à droite. La boîte de couleurs à gauche. Le peintre au milieu, par terre.

Il n'a été touché que par la commotion... de la commotion. La marmite a éclaté sur le flanc opposé de la butte.

Il se rassied, redresse le chevalet, toussotte, s'ébroue.

L'homme, immobile, a gardé la pose.

Y... essuie son pinceau longuement, en silence. Enfin, se remettant à l'œuvre :

— Nous disions donc... Qu'est-ce que nous disions ? Ah ! oui... qu'il y avait les risques... Oui, évidemment...

Il ne s'aperçoit pas encore qu'il a replacé la toile, la tête en bas.

Une Lettre.

Quand ma mère dut quitter en hâte notre propriété de la Somme, nous contait Jacques C..., elle ne put jamais décider la jardinière à la suivre. Cette femme est une picarde robuste et souple, souple de corps plus que d'esprit. Elle était née là, s'était mariée là et, là encore, était devenue veuve après deux ans de ménage. Là, c'était la terre entière. Ailleurs, c'était une autre planète. Elle serait morte, prétendait-elle, du déplacement.

Les Prussiens ne représentaient pour elle que ce que les souvenirs de la dernière guerre, entretenus et soigneusement déformés par la tradition, traçaient de ces éternels indésirables dans l'imagination populaire : « C'est des grands diables à barbe rousse qui

« fument des pipes en porcelaine, qui débou-
« lent comme des cancrelats et s'en retour-
« nent encore plus vite. Il n'y a qu'à leur te-
« nir tête et à ne pas avoir peur. Ils devien-
« nent doux comme des moutons ».

Ma mère, après avoir employé la persua-
sion, usa d'autorité.

L'autre se campa, les bras croisés, devant
la porte du pavillon attribué au jardinier et
déclara :

— Que Madame me tue si je bouge d'ici !

Devant cette résistance, ma mère céda. On
hissa les paquets les plus précieux sur la voiture, et, avant de donner le signal du départ, ma mère, bouleversée, traversa une dernière fois les pièces de la maison. Elle fris-
sonnait de livrer à la horde les années d'intimité encloses en chacune d'elles. Elle tenait
à s'emplir les yeux du décor familial qu'elle
ne reverrait peut-être plus. Elle s'assit au bas
de l'escalier, contre la grande horloge qui battait les minutes suprêmes. Courbée, les mains

jointes, elle dit à la jardinière :

— Puisque vous restez, Julia, s'ils viennent, je vous charge de veiller plus particulièrement à deux choses. D'abord, gardez la clef de la chambre de Mlle Claire. (Claire était ma sœur aînée, un être délicieux enlevé par la typhoïde.) Tâchez de ne pas installer d'ennemi dans cette chambre. Ensuite, s'ils voulaient emporter le pastel du grand salon (un nu de Fragonard de la meilleure main), dites-leur que je suis prête à leur envoyer à la place tout l'argent qu'ils exigeront. Le reste, l'argenterie, la literie, la cave... peu importe.

Julia promit, en levant la main droite, et en invoquant le Seigneur, qu'elle se ferait plutôt massacrer.

Ma mère l'interrompit avec force :

— Non, Julia, jurez-moi, au contraire, que vous ne vous exposerez pas. Je ne me pardonnerais pas d'avoir été la cause involontaire de votre mort.

La jardinière jura, fort à regret, d'ailleurs.

Un mois après la bataille de la Marne, ma mère reçut de Julia la lettre dont voici la copie :

« Madame,

« Madame aura bien sûr plaisir à savoir comment ça s'est passé. Madame m'excusera de ne pas lui donner tous les détails d'une seule fois. Ça serait trop long. Quand Madame sera de retour, je compléterai.

« Les Prussiens sont arrivés le jeudi soir à Nouon. Depuis cinq jours, on entendait le canon. Les gens du bourg disaient qu'ils avaient pris la purge et que les Français les avaient exterminés à Guise avec des boulets qui en tuaient des centaines à chaque coup. Le fait est que, le mardi et le mercredi, on n'entendait plus le canon. Nous commencions à respirer.

« Le jeudi, à une heure, nous causions, Tribout, le cordonnier, dont le fils est artilleur, Girard, le sacristain, qui a la médaille de 70, et moi. On plaisantait, en prenant le frais sous le tilleul de l'entrée. Le garçon à Tancrède, le menuisier, passe à bicyclette en hurlant « les voilà ! » Nous pensions qu'il voulait dire les Français, et on s'apprêtait déjà à les recevoir. Même, j'allai bien vite tirer un grand broc de vin, car il faisait chaud et ils devaient avoir soif.

« En remontant de la cave, j'entends Girard qui me crie : « Julia, gardez votre vin, « c'est les Allemands ! » Il m'aurait coupé les jambes et les bras avec une faux, que je n'en aurais pas mieux lâché mon broc. Il roula jusqu'en bas. De cette affaire là, j'ai gâché six litres de vin. Girard et Tribout étaient rentrés chez eux. J'étais seule.

« Je me récitais les recommandations de Madame, comme si j'allais les oublier ! Mais je voulais au moins être sûre, si je perdais la tête, de me rappeler la plus importante. Je mis les clefs de la maison dans mon corsage et j'allai jusqu'à la route d'où on voit tout le bourg, comme Madame sait.

« Il n'y avait personne, pas un chat, c'est le cas de le dire, pas une poule. On avait claquemuré les animaux et la volaille. Cependant j'aperçus M. le curé qui sortait de son presbytère. Il s'arrêta en mettant la main sur ses yeux et entra tranquillement dans son église. Vraiment, je crus que le garçon à Tancrède s'était moqué de nous et amusé à nous faire peur.

« Comme je fermais la grille, j'entendis une galopade. Il passa une douzaine de cavaliers habillés en gris, ventre à terre. Ils faisaient beaucoup de poussière. Au bout d'une demi-heure, il en revint d'autres. Les premiers ne m'avaient pas fait d'effet. Je n'avais pas eu le temps de les voir. Les seconds fouillaient le bourg. Je compris qu'ils s'en étaient emparés. On entendait un grand piétinement. Ils avaient le fusil en main.

« Je m'enfermai dans le pavillon. J'attendais qu'ils sonnent à la grille, dont j'avais tiré les verrous. J'espérais qu'ils ne s'arrêteraient pas chez nous à cause des persiennes fermées. A un moment, il partit des coups de feu, tous ensemble, suivi d'un autre, tout seul. Ça me fut bien désagréable.

« Enfin, à cinq heures, ils ont secoué la grille. Je suis allée ouvrir. Cinq grands jeunes gens étaient là; ils tenaient leurs chevaux par la bride. Ils n'avaient pas la barbe rousse; ils avaient une casquette plate avec un liseret rouge. Je les aurais pris pour les garçons d'écurie d'un cirque comme celui qui vint s'établir, l'année dernière, sur la place de la mairie .

« Celui qui secouait la grille me salua poliment et me dit en français comme vous et moi, respect de vous : « Bonjour Madame. « Les patrons sont-ils dans le château ? ». « Non, que je dis, Madame est partie ». « En ce cas, qu'il me répond, vous avez les clés ? ».

« J'hésitais encore. Mais il me regardait si

drôlement avec ses yeux bleus, que je sentis qu'il ne fallait pas mentir. Je lui demandai ce qu'il voulait. « Loger sept officiers, qu'il « dit, ne craignez rien, on ne fera aucun dé- « gât. Il faut sept chambres : pour le Géné- « ral, le Colonel, deux Commandants, deux « Capitaines et un Lieutenant ».

« Il me suivit dans le jardin. Ça me rappelait le temps où je traversais les allées pour conduire de la visite à Madame, et ça me crevait le cœur. Je rouvris les persiennes. Il écrivit de quoi à la craie sur les portes des chambres. Et il s'en retourna en me saluant gentiment. Il siffla, et trois hommes accoururent. « Ils vont mettre les draps des lits », qu'il dit.

« Les trois soldats préparèrent les lits. Je n'avais qu'à sortir les draps des armoires et ils se tiraient d'affaire sans que je les aide. Ceux-là ne parlaient pas français. Quand ils avaient besoin de quelque chose, ils me désignaient l'objet tant bien que mal; je le leur passais, et aussitôt ils me saluaient en portant la main à leur casquette.

« A sept heures, les officiers arrivèrent. Le plus vieux, un petit maigre, derrière lequel les autres se tenaient raides comme des piquets, me dit : « Bonjour, Madame. Vous êtes « la gardienne de l'immeuble ? Vous aurez « l'obligeance de nous préparer à dîner. » Ils entrèrent dans le vestibule. Ah ! Madame, comme les amis de Madame ! Ils avaient l'air d'habitués de la maison. Ils accrochaient leurs espèces de pardessus gris aux porte-manteaux. Le plus jeune, sous sa tunique, avait certainement un corset.

« Je dressai la table. Ah ! Madame, de voir ces hommes-là, autour de la soupe qui fumait, manger dans les assiettes à Madame, avec les cuillers à Madame ! Et pourtant, je ne peux pas dire le contraire, ils étaient convenables. Tout allait bien. Je pensais que le lendemain ils seraient partis sans avoir commis de malfaisances. Il n'y a pas de déshonneur à recevoir des ennemis qui se conduisent bien.

« Mais voilà que, comme je servais l'omelette, un jeune militaire entre. Il donnait le bras à un camarade. Les mangeurs se lèvent tous ensemble, même le vieux, et portent la main à hauteur de l'œil. Le jeune militaire avait un bracelet d'or, le camarade aussi, mais moins gros. Leurs mains étaient chargées de bagues.

« A partir de ce moment-là, ça fut fini de ma tranquillité. Il fallait entendre sur quel ton il baragouinait son patois de malheur ! Et il riait, il riait !

« Je dus dresser une table à part pour eux. Je dus mener le jeune militaire à la cave. Il choisissait lui-même dans les casiers. Il criait : « Champagne ! Champagne ! » Il était furieux de ne pas en trouver plus de dix bouteilles. Puis, il se remettait à rire et me serrait la taille; alors, je lui laissais couler le suif de ma chandelle sur le dos de son bel uniforme.

« A la fin du dîner, il était très ivre. Il avait fait asseoir le plus jeune, celui au corset, à la place de celui au bracelet et il l'embrassait. Il n'y en avait plus que pour ce gamin. Enfin, on se lève et on va à la porte du grand salon.

« Je pensais, en tremblant, au tableau de Madame et à tout ce que Madame aime tant et qui est là ! Je tenais la lampe sans abat-jour et, avec ma main contre le verre, je promenais de l'ombre sur le mur où est le tableau de Madame. Ils tournaient, essayaient les meubles, tripatouillaient les bibelots; le camarade au bracelet mit une petite tasse de porcelaine dans sa poche ; il l'écrasa d'ailleurs, en tombant sur le bras d'un fauteuil, pour s'être pris les pieds dans le tapis roulé.

« Le jeune militaire ivre ouvrit le piano et joua. Madame ! Le piano qui n'avait pas dit depuis notre pauvre demoiselle ! Les larmes me viennent. Je les essuie du revers de ma main sans m'apercevoir que j'éclairais le tableau maladroitement.

— Oh ! Oh ! que fait le vieux.

« Il s'approche donc, les autres l'entourent. On me prend ma lampe pour mieux voir, Je n'entends rien à leur patois, bien **sûr** mais je me rappelle que le jeune seigneur hurla : « Famôse ! » et que la bande reprit : « Famôse ! » Et je me rappelle encore que, quand ils m'ont ordonné de décrocher le tableau, je me suis plaquée dessous contre le mur, et je leur ai crié : « M... ! » Madame me pardonnera. Chez nous, n'est-ce pas, ce mot-là, on y répond par une gifle. Eux, ils se tordirent de rire. D'une traite, je leur répétai la consigne à Madame et que Madame s'engageait à leur payer le prix du tableau.

« Mais il n'a pas de prix, justement », que dit le vieux. « On jurerait ton portrait », que dit le jeune seigneur. Et les voilà tous qui baragouinent en regardant le tableau et moi, et moi et le tableau. Le vieux me saisit le menton, le jeune me place comme est la dame du tableau, et ils applaudissent, et ils m'envoient des baisers. Sur un mot du jeune, ils partent tous.

« Je reste seule avec lui. Il me dit : « Tu « ne veux pas que j'emporte le tableau ? » « Non », que je réponds. « Soit, qu'il re- « prend, je me paierai sur toi ». Il tira un revolver de sa poche et le posa sur le guéridon. Il me commanda de me mettre comme est la dame du tableau. Je me souvins que c'était seulement à la mort que j'avais promis à Madame de ne pas m'exposer, et c'est bien plus à Madame qu'à lui que j'ai obéi.

« Le lendemain matin, un soldat vint dans ma cuisine avec le tableau sous le bras et des billets de banque et me dit : « L'Altesse a dé- « cidé de prendre le tableau et en paye le « prix. Donnez-moi de quoi l'envelopper ». La colère m'étrangle, mais je me ravise, et, pendant qu'il débrouillait un peloton de ficelles, j'enveloppe à la place le portrait en couleurs de Notre Saint-Père le Pape, qui était dans ma chambre et de la même dimension que le tableau à Madame.

« Quant à l'argent, Madame le renverra à l'Altesse après la guerre, si elle le veut.

« Pour la chambre de Mademoiselle, j'ai eu bien des difficultés. Toutes les chambres étaient occupées et je ne savais où loger le jeune homme. En passant dans le corridor, il me dit : « Et là ? » « Là, vous n'entrerez « pas ». « Alors, on enfoncera la porte. Si « tu caches des armes ou des Français chez « toi, tu seras fusillée comme ton curé cet « après-midi. Il faisait des signaux avec le « coq de l'église. Tu es prévenue ».

« Monsieur le curé, Madame, notre bon abbé Lenoble, que j'avais vu s'en aller vers son église, avec sa petite calotte, comme quand il se rend au catéchisme. Et il marchait à la mort ! Les coups de feu que j'avais entendus étaient pour lui, mon Dieu ! J'affirmai au jeune seigneur qu'il n'y avait ni armes, ni soldats chez nous. Je lui racontai le malheur de Madame. Il me demanda quand et de quoi était défuntée notre pauvre demoiselle. Je lui dis (Madame me pardonnera aussi ce mensonge) que c'était du croup, la semaine passée. Il devint pâle comme de la fiente de corneille, et n'insista plus.

« C'est alors que le grand au corset me dit à l'oreille : « Je donne ma chambre à l'Altesse « Impériale et à son officier d'ordonnance ». En redescendant, je vis le corseté qui m'attendait. Il avait changé de ton. Les bras croisés, il me dit : « Maintenant, un lit, s'il te « plaît ». « Je n'en ai plus ». « Et le tien ? » Je me fâchai. Il me menaça de me faire fusiller pour avoir refusé d'ouvrir une porte.

« Je me rappelai encore la promesse faite à Madame. Et puis, j'étais si heureuse en pensant que la chambre de Mademoiselle, qui est comme une seconde église pour Madame, ne serait pas souillée ainsi par ces ennemis !... Je le conduisis au pavillon.

« Au milieu de la nuit, il fut appelé par

Son Altesse Impériale.

« Le lendemain soir, tout le monde était parti. Dix jours après, on vit repasser, dans l'autre sens, et bride abattue, des cavaliers et de l'artillerie. Ils fuyaient. Ça a été un grand soulagement pour tout le monde.

« Il ne manque à Madame que la petite tasse de porcelaine et une trentaine de bouteilles.

« Quand Madame reviendra, elle ne pourra se douter que les Prussiens ont logé chez elle.

« J'ai tout nettoyé et aéré.

« Les pêches ont été perdues. C'est regrettable, car elles étaient très belles. Je suis en train de cueillir les dernières poires. Le jardin potager souffre un peu. Les allées sont bien sales depuis que l'aide est parti à la guerre. Je ne vois rien d'autre à signaler à Madame.

« Je salue respectueusement Madame.

JULIA.

« P.-S. J'oubliais de dire à Madame que j'ai été, comme de juste, violée deux fois ».

Entre Mille.

Pas d'illusion possible, les Allemands en veulent à nos abris. Ils auront, avec leurs yeux en verre d'Iéna, repéré les meurtrières et les créneaux et ils dirigent un tir de 77. On entend le coup de départ à peu près en même temps que le choc de l'obus, qu'il éclate ou s'enfonce dans la marne. Donc, je me trouve, avec ma section, dans la zone battue. Eh bien ! c'est incontestablement désagréable.

Qu'admirons-nous le plus, de l'adresse de Guillaume Tell ou de la placidité de son fils ? Avoir une pomme sur la tête... Je répète que c'est très désagréable.

La sensation ? Celle d'une ficelle fine qui

vous noue l'épigastre et la gorge. La salive a beaucoup de peine à glisser; aussi est-il bon de fumer, pour posséder un prétexte honnête de cracher.

L'impression ? On a souvent souhaité, si on devait être touché, que la blessure intéresse le bras ou la jambe. On n'établit plus aucune hiérarchie anatomique... Cependant, la tête s'incline à chaque sifflement comme si elle était directement visée par ce jeu dangereux. J'ai connu une démente qui courait tout le jour, cherchant à se fuir elle-même, et une autre qui s'asseyait et se relevait cent fois en une heure, parce que la place qu'elle occupait ne valait point celle qu'elle quittait. Il y a, en nous, un peu de ces deux phobies. On aimerait s'évader de soi-même et ne laisser qu'une peau morte. On aimerait être « ailleurs ». Pourtant, on ne bouge pas.

Bouger, c'est faire croire qu'on a peur, et la peur est un terme périmé. Ney a eu beau dire que personne ne pouvait se vanter de n'avoir eu peur cinq minutes dans sa vie, il est convenu que la peur est, depuis des mois, un spectre haïssable. Le corps se révolte, l'instinct de conservation se traduit en réflexes, tremblement, pâleur, agitation, qui n'ont aucun rapport avec la lâcheté... Tant pis. Les règlements n'admettent pas le réflexe.

Je deviens bon ! Nous en sommes au trentième... Je n'ai plus qu'un tout petit mouvement d'épaules... Au centième...

Mais c'est fini. La ration est tirée.

Un galop dans la tranchée.

— Qu'y a-t-il ?

— Les fusils de M... et de C... sont en miettes.

— Où étaient ces fusils ?

— Dans les créneaux.

— Et les hommes ? Derrière les fusils ?

— Non, parce qu'un soldat du N⁰ a pris leur place de garde.

C'est vrai. L'obus est entré par le créneau, a éclaté contre la paroi intérieure, en volatili-

sant les armes posées sur la planche de tir.
M... et C... m'en montrent les restes tordus,
et, me désignant un jeune soldat :

— Quand il a vu que le tir se réglait, que,
sûrement, l'abri sauterait, il nous a dit de
nous aplatir au fond de la tranchée, parce
que nous sommes pères de famille, tandis
que lui, il ne laisse personne... Il n'a rien,
pas une égratignure ! Mais sa musette est ha-
chée. La bombe a pété à deux mètres de lui.
On lui doit la vie.

Ce soldat du Nord est presque un enfant.
Il a le teint mat des mineurs. Je vais à lui.
J'ouvre les bras pour qu'il s'y jette et que je
l'étreigne. Ce héros, si humble, qui a atten-
du, stoïque, au poste assigné, qui a établi la
balance entre sa vie et celle de ses camarades
plus âgés, qui savait le danger, puisqu'il s'of-
frait en victime, retire de sa musette un pain
où des éclats sans nombre ressemblent à des
raisins de Corinthe, sa cuiller percée, son
quart devenu écumoire. Très amusé, il sourit,

et son sourire donne tort au maréchal Ney.

Il ne comprendrait rien à mon effusion.
Aussi, je ris avec lui de l'aventure, je ris d'un
rire idiot. Je le regarde qui allume une ciga-
rette. La flamme est vive et l'environne d'une
lueur qui fait moins penser à une apothéose
qu'à une auréole.

Dans les Herbes.

Entre les lignes, les herbes ont beaucoup poussé.

La balle qui passe soulève un nuage de graine fines. C'est la jungle, favorable à l'affût. Et c'est à quoi songe Bernard B..., qui observe un poste d'écoute allemand. De temps à autre, sa tête émerge de la houle des graminées. La nuit de lune est splendide. Il évoque Kipling et Bonbonnel, confusément; car le lourd parfum de la campagne, chauffée tout le jour par un soleil ardent, l'engourdit. La terre craque, les herbes bruissent, des insectes heurtent leur activité hésitante aux tiges et aux brindilles. Sur le canon du fusil courent des fourmis.

Bernard B..., qui ne vivait jusqu'alors que pour la musique, et adapte volontiers une émotion musicale à chacune de ses impressions, oublie qu'il est à l' « espère » et fredonne un des thèmes du duo de *Tristan*. Il s'en aperçoit quand un bruit étrange vient troubler le souvenir orchestral qui accompagne la phrase.

Très près, du fond des herbes, monte un souffle rythmé, un léger ronflement mesuré. Il écarte la forêt champêtre, avance en rampant de quelques mètres.

Un Allemand est à plat ventre, et, comme lui, au guet. Il n'a pas résisté à la fatigue et à la chaleur. Il dort, la tête appuyée sur le bras étendu, la main gauche étalée sur le fusil.

Bernard, avec précaution, dégage l'arme qu'il pose derrière lui et dont l'Allemand n'a pas senti le glissement sous sa main qui retombe. Bernard en remarque la finesse. L'homme doit être fourbu. La casquette plate, ramenée en avant, cache une partie de la figure. La pose est d'un abandon charmant et la lèvre esquisse un sourire.

— Du träumst, kamarad !... murmure Bernard. Sais-tu bien que ce serait le bon moment pour mourir... Tu es avec ta Gretchen, pas ? Ta grosse petite Gretchen... Vous escaladez le chemin sous les bois qui mène à la Restauration. Tu lui as offert un bouquet de muguets, et, là-haut, vous allez boire, suprême joie, une flûte de Champagne, le joli vin de France, spirituel et gai, qui ne vous donne que la gaîté et garde pour lui l'esprit de son pays ».

Bernard B... a tiré sa baïonnette.

— Là, entre l'oreille et l'épaule, la place est excellente. Je vois la peau se tendre sur l'artère que je piquerais... Tu dégringolerais du rêve dans la mort, délicieusement. Je t'épargne peut-être ainsi une fin affreuse, le ventre ouvert, la cervelle à l'air. Ce serait charitable, mais un peu lâche. Alors, j'attendrai ton réveil ».

Bernard remet la baïonnette au fourreau. Il continue de monologuer.

— Il n'a pas l'air farouche, ce guerrier. Ses mains révèlent une certaine spiritualité. Il a dû sacrifier à son devoir de soldat plus que son bien-être, plus encore que ses affections; sa pensée, son intelligence, ses goûts... N'empêche, kamarad ! quel coup de pied marquerait le bas de tes reins, si quelque unter-offizier, de service ou de patrouille, constatait un tel manquement à la consigne !

Bernard souhaite l'arrivée de l'unter-offizier : il s'amuserait de la correction et supprimerait deux boches d'un coup. C'est pourquoi il hésite encore à chatouiller le nez de l'Allemand avec les barbes d'un flexible et long brin d'orge dont il mordille la section sucrée. Enfin, il s'assure que son Lebel est bien armé et promène l'épi sur la bouche du loyal serviteur de sa Majesté W.

— Kuss, Kamarad... Kuss... c'est ta Gretchen qui te dit « Adieu ». Elle se pend à ton cou... elle t'embrasse... Atieu, Atieu, Gretchen. Atieu ... Atieu ... Hermann ou Fritz... Atieu, mein Schatz... Ah ! Ah !... Guten Tag mein Herr... Wie geth's ?

L'Allemand rejette sa casquette en arrière, et, sans voir encore, les paupières bouffies, répond :

— Janz Jut...

Bernard sait, à présent, qu'il a affaire à un Berlinois.

Il ne peut douter davantage de la distinction de son prisonnier qui ajoute, en un français très doux :

— Je dormais, et vous ne m'avez pas tué ?

— Nous ne tuons pas l'ennemi endormi.

— Je sais. Nous jugeons différemment.

— Vous m'auriez tué pendant mon sommeil ?

— Oui, vous êtes toujours l'ennemi.

— Chut ! Plus bas, s'il vous plaît !

— Vous m'avez désarmé. Je vous suis.

— Vous attendrez qu'on vienne me relever. Je n'ai pas le droit d'abandonner mon poste.

— Mon camarade, j'ai une grâce à vous demander.

— Dites. Mais plus bas... plus bas...

— Ne tuez pas le fantaszäng qui doit me remplacer. Il est philologue et il a cinq enfants.

— Soit. Le philologue ira vous rejoindre... à moins qu'il ne résiste.

Ils sont face à face. Bernard considère le visage du petit Berlinois, ses joues roses qu'un duvet veloute comme un fruit mûr, ses yeux gris clair, enfantins, un peu étonnés.

Bernard pense :

— On lui donnerait son bon vieux Dieu sans confession... Je méprise encore plus ces jouvenceaux blonds, iconoclastes et coupeurs de mains, que les gros Fafners bavarois ! Et quel pur français parle celui-là ! C'est une synthèse, ce gamin. Toute la placidité, et tout l'entêtement féroce de sa race !

Sous le regard sans indulgence de Bernard, le Berlinois baisse la tête. Il est soumis d'avance. Les Allemands naissent soumis à n'importe quelle discipline. Il obéira au poilu qui le subjugue, comme il obéissait à la volonté de son souverain.

— Décidément, je les hais.

Et pour Bernard, qui avait beaucoup voyagé en Allemagne, où il s'obstinait à ne voir que les survivances du charmant passé corporatif de tant de villes, aujourd'hui corsetées de fer, à n'entendre que la musique antérieure à la néfaste artillerie de Richard Strauss, à ne goûter, chez ces intellectuels, que la candeur de l'esprit jusque dans leur labeur opiniâtre, et, parmi les familles où il était reçu, que le naïf orgueil des vertus bourgeoises, un tel accès d'aversion devait avoir une cause plus profonde que sa simple révolte de soldat français.

Il s'applique à la chercher.

— D'abord, ils sont vulgaires.

Un nouvel examen de son prisonnier, dont
les doigts souples roulent une tige de coque-
licot, l'oblige à rectifier :

— En général. — Ensuite, ils sont primitifs,
ce qui leur vaut d'être traités de sauvages. Il
est vrai que le raffinement des peuples, que
nous prenons pour une supériorité, est, à
certains égards, une faiblesse... Cependant,
un peuple est-il faible parce qu'il est délicat
et sensible ? Enfin, ils sont une race de serfs.
Sans initiative, ils ne marchent qu'à coups
de pieds dans le derrière. Il faut que leurs
fesses les brûlent. Nous sommes trop distants
d'eux, nous les émancipés, pour jamais fra-
terniser sous le joug. La casse et la cogne
étaient inévitables... Il est encore vrai que ce
Berlinois et moi, nous accomplissons le même
devoir; la manière diffère, mais nous sommes
pareils et dignes, en cela, d'un mutuel respect. Je serais même tenté de croire, à bien
étudier ce Boche, que l'abnégation consentie

par lui est aussi pénible que la mienne. Et quelle docilité ! Il connaît admirablement notre langue. Il pourrait m'interroger sur le sort qui lui est réservé dans nos lignes. Non. Je lui ai ordonné de se taire. Il se tait. Il y a belle lurette qu'à sa place j'aurais parlé ! Et parbleu, ils n'auraient jamais fait la Révolution ! Quel troupeau !

Bernard souligne sa muette apostrophe d'une moue d'indicible dédain. L'Allemand, le menton sur les mains croisées, paraît ne pas s'en apercevoir.

— Ils ne sentent rien... Les brutes !

Bernard, sachant que les injures précèdent souvent les réconciliations, reconnaît ainsi, à la fois, que ses raisons présentes de haïr sont quelque peu insuffisantes, et qu'il est tout près d'éprouver pour son captif un intérêt qui frise la pitié. Alors, il fait appel à d'anciennes observations, puisées dans l'expérience de ses voyages, et aux souvenirs atroces du début de la guerre. Sous la poussée de sa colère ravivée, il articule presque les phrases précipitées de son imprécation.

— Vous ne valez militairement que par le nombre, mais individuellement ?... peu de chose ! Tous ceux d'entre vous sur la générosité de qui j'aurais dû compter, tous se sont pliés à la prétendue nécessité : nécessité de violer les traités, de déchirer les pactes, de brûler Louvain et Reims ! Nécessité ? Nous ne donnons pas le même sens aux mots, ou bien nous heurtons ce qu'il y a d'inconciliable entre nous... Votre *Nothung* n'a rien de commun avec les principes qu'il est juste de défendre ! Il n'est pas *nécessaire* qu'un peuple convoite des provinces, il est *nécessaire* qu'un peuple respecte les traités. Vous estimez que le *primum vivere* vous obligeait à tirer l'épée, c'est faux ! Vous pouviez vivre, mal ou bien, dans vos limites territoriales, et, pour les étendre, vous n'avez pas craint de vous parjurer. Il n'y a pas de vie possible avec les parjures, et voilà pourquoi vous êtes des guerriers honteux, et pourquoi nous sommes, nous, des justiciers...

— J'espérais, pour votre honneur, et pour la justification des sympathies très vives que j'avais laissées en Allemagne, que vous étiez, ou ignorants de la réalité déguisée par votre gouvernement, ou aveuglés par une crise de folie. Je constate qu'il n'en est rien, que vous êtes des cyniques, que, malgré votre organisation subtile et l'adaptation merveilleuse à vos desseins des moindres ressources du progrès humain, vous êtes la horde, la sinistre horde qui dévale en masse, poings fermés et dents longues.

— Et quand, à votre ambition de conquêtes, on oppose la conquête morale des siècles qui est le Droit, vous répliquez que le Droit est en raison directe de la Force, que le Droit est de la Force qui s'impose, de la Force moralisée, et qu'ainsi il faut d'abord être fort et que, pour être fort, tous les moyens sont bons. Vos Docteurs construisent un superbe syllogisme. La Morale et le Droit sont les suprêmes expressions de la Force, la Force seule appartient à l'Allemagne, la Morale et le Droit sont donc, comme tant de machines, des produits *made in Germany* ! Et vous mourez pour cette opération de logique ! D'ailleurs, la logique est la mécanique de l'esprit et ce qui est machinerie vous ravit. Votre intelligence tourne, déclanche des métiers qui taillent, taraudent, polissent, toujours dans le même sens ! Vous disciplinez, vous domestiquez, vous mécanisez l'effort. Kamarad ! Ce qui préexiste à l'industrie c'est la flamme, et ce qui domine le Droit, ce n'est pas la Force, mais une flamme encore, qui vient d'en haut, se nomme justice, charité, amour, comme vous voudrez, et échappe au contrôle des professeurs de raisonnement. Vous agissez par réflexion, nous, par sentiment. La Beauté est avec nous.

Après avoir précisé son aversion jusque-là indécise, Bernard est satisfait. Il peut toiser le

Berlinois avec la sérénité de la supériorité acquise. La lune éclaire « l'océan froid de son indifférence ».

Sa montre marque quatre heures. Encore une nuit sans attaque. Pas même une fusée lumineuse ! L'aube va colorer le ciel. Un coq, très loin, l'annonce. Bernard sera relevé dans quelques instants. Il passera le philologue en consigne à son successeur. L'esprit dégagé, il pianote du bout des doigts sur la crosse de son fusil; il sifflotte un air de Bach allègre et lumineux.

Le prisonnier, qui effeuillait une marguerite, s'arrête. Un pétale entre le pouce et l'index, il écoute et soupire un « ach ! » qui est plus une plainte légère qu'une exclamation de surprise. Bernard accentue le chant, sans trop le vouloir, le cœur battant soudain.

L'Allemand, agenouillé, plonge son visage dans la coupe frémissante de ses mains, balbutie :

— Mon camarade... Laissez-moi remercier

Dieu d'entendre à nouveau ce chant. Puisque vous l'aimez, vous n'êtes pas méchant... Laissez-moi prier pour vous.

Bernard, d'un geste, impose silence. L'Allemand se couche et pleure à chaudes larmes.

En effet, Bernard vénérait Bach et, dans l'œuvre immense du vieux cantor, la joie exultante de l'*Oratorio de Noël* le fascinait comme un trait de vive clarté : « Sion, pour ta fête, « recouvre ta tête, Sion tiens-toi prête, l'E- « poux va venir ». Ne s'imaginait-il pas, à l'instant, que, sous la Basilique de Cologne, on entonnerait, quelque jour, entre *la Marseillaise* et le *chant du Départ*, ce poème de bonheur qui monte ainsi qu'un chant d'alouette vers le soleil ? Ne se plaisait-il pas à imaginer que, dans les églises intactes, au milieu des métallurgies écroulées et des Rathaus fumants, les troupes alliées rendraient hommage à l'unique noblesse dont ait rayonné l'Allemagne, et célébreraient leur triomphe aux accents de Bach et de Beethoven, glorificateurs des hautes victoires morales ?

— La musique a brisé l'orgueil de cet enfant barbare. Je viens de provoquer en lui une intense émotion d'ordre intime... Quelle belle mort je pourrais lui procurer !

— Comme bien elle le chante ! dit encore le prisonnier. Je suis premier violon de la Cour. Mon camarade, vous permettez ? Pour la musique...

Le Berlinois enlève son hideux béret kaki. Sa tête rase a « la forme en dôme », dont ses compatriotes sont si fiers.

Bernard n'hésite pas à serrer la main qui lui est tendue. L'ennemi s'efface devant l'être jeune à la poitrine gonflée de larmes.

Au-dessus des nations palpite le cœur éternel de l'homme que déchirent les mêmes douleurs, que consolent les mêmes caresses.

Bernard, sans dégoût, voit les lèvres de son prisonnier s'approcher de ses doigts, les baiser.

Bernard récite la première strophe d'un lied

de Schubert : « Du holde kunst, wie viel in grauen stunden... mon art si grand, combien de fois dans la tristesse des heures sombres...»

Un obus explose à vingt pas. Les éclats chuchotent. Un autre, un troisième, une salve. Quelle est la direction de l'attaque ?

Les deux hommes s'interrogent, debout, très pâles.

Ils se mesurent.

L'enfer est déchaîné. La mitraille secoue la terre.

L'Allemand déclare :

— C'est nous...

Bernard envoie le fusil boche se perdre dans le champ.

La fusillade commence. Les mitrailleuses précipitent le rythme de leurs claquements.

— Voilà les triolets de mort, camarade, crie Bernard. Le riche accompagnement de danse macabre !

L'Allemand ne l'écoute pas. Il a perçu une rumeur du côté de sa tranchée. Il glapit :

— Vorwärts... Vorwärts... Les voici !
Doch !

Bernard entend un vaste piétinement Il a mis baïonnette au canon.

Le premier violon de la Cour agite les bras.

— Hep, là... Un pas vers tes copains, et c'est capout !

La clameur de la charge grandit.

Bernard tient en joue le Berlinois accroupi. Ils ont les yeux durs, le nez pincé, la respiration brève et sifflante.

Derrière eux, le ciel et le sol s'embrasent.

Bernard est jeté contre terre.

Une heure après.

Bernard revient à lui. Le ciel est d'argent. Pas d'autre bruit qu'un souffle, très près. Bernard se souvient qu'un jeune ennemi dormait, s'est réveillé, a parlé. Au souffle se mêle une sorte de lamentation régulière et douce.

Le premier violon de la Cour a reçu un

schrapnell dans le dos, et cela va être fini de lui.

Bernard lui propose de le porter à la tranchée.

— Non merci... Je vais mourir... La guerre est une chose horrible. Notre attaque est manquée. De l'eau ? Oh ! oui... Vous êtes bon. Nous disions... avant ? Nous ne disions rien, n'est-ce pas ? On était à la communion dans la musique... Bettina Schlutt, Neue Strasse, Halle... Bettina chante l'air de Bach. Elle me le chantait, le jour du départ. Sa voix était tranquille. Elle me pénétrait de confiance. Mon Dieu, que cela était beau ! Chantera-t-elle encore ? Vous, mon camarade, chantez-moi... Singen sie... Schubert... Votre main, mon camarade... Chantez... Vite...

Bernard accède à ce désir suprême et, penché sur le blessé, à mi-voix :

— Du holde kunst, wie viel in grauen stunden...

Le premier violon de la Cour croit serrer

très fort la main du Français.

A la seconde strophe, il ne croit plus rien. Le sourire, qui errait sur sa bouche décolorée, est éternisé.

La fête au Cochon.

Les consignes sont encore plus sévères. Nous sommes farcis de recommandations. C'est demain la fête de l'Empereur. On redoute, pour cette nuit, une attaque à grand orchestre. Nos bonhommes n'en conçoivent aucun trouble. Ils savent qu'une fête consiste d'abord à boire, et que la boisson éteint l'ardeur belliqueuse. Nos bonhommes raisonnent selon la plus rigoureuse méthode expérimentale. Mais cette opération de logique pèche par deux points capitaux. Le cidre, qui sert à leur expérience, n'a pas les mêmes vertus que la bière; et ils ignorent, eux qui le font par toquade ou nécessité, qu'on se bat aussi par discipline.

Je ne partage pas leur tranquillité. Et, l'œil collé à la meurtrière du redan, je trouverai la nuit fort longue.

Point ! Cette nuit de veille aura été une nuit merveilleuse.

La menace de l'attaque, d'abord, écarte la somnolence qui, d'ordinaire, me terrasse vers minuit; ensuite, provoque en moi un état d'esprit particulier, mainte fois contrôlé depuis la mobilisation. Le danger me dédouble. Un personnage, qu'à la façon des géomètres et des mathématiciens, j'appelle Prime, surgit à côté de moi. Pendant que j'éprouve les impressions directes, Prime maître de lui, et dans l'intention charitable d'en atténuer le malaise, discute, épilogue, palabre, commente, si bien que, grâce à lui, je ne suis jamais plus lucide qu'à ces moments où le trouble légitimerait le détachement des vanités de ce monde et quelque gêne dans leur claire perception.

Les étoiles, avivées par le froid, dessinent

les constellations en réseaux brillants. Aucune fusée lumineuse ne salit la nuit classique, une nuit de planche astronomique.

Les astres dociles virent d'un bord à l'autre de l'horizon. Et Prime m'invite à méditer sur l'ordre éternel, indifférent à l'incohérence humaine. Si stériles et si faciles que soient de telles méditations, je défie le plus sceptique de résister aux rêvasseries métaphysiques, quand un éclair de canon rappelle la précarité de l'existence, et quand, à la folie des belligérants, la nature oppose l'équilibre silencieux de la gravitation. Le sermon de Prime, dont la péroraison est idéaliste, dure jusqu'au matin, à peine interrompu par des patrouilles de rats, pelotes d'ombre en balade sur la blancheur du sol marneux.

Et voici l'aube. Les étoiles faiblissent. La ligne des collines se détache sur une clarté verte et mauve. Les détails des tranchées apparaissent.

La fameuse attaque nocturne est remise. Le

feu d'artifice des 77, des 150 et des 210 a raté.

Mais une longue, une douce clameur s'élève; un chœur lointain, où je reconnais les voix justes des chanteurs allemands qui, chez eux ou chez nous, modulaient Schubert et Schumann, monte dans le même temps que le jour, en l'honneur du maître de leurs armées. Par trois fois retentit et se prolonge le « Hoch ! Hoch ! Kaiser... » Minute émotionnante ! L'obéissance et la volonté de nos ennemis prennent une forme musicale !

Alors, du fond de l'ombre où sont plongés nos cantonnements et nos villages, un coq, perché sur quelque mur en ruine, répond, tandis que, pour rejoindre son poste, un bonhomme, dédaignant de suivre le boyau, escalade la tranchée. Enveloppé d'un lourd manteau, chaussé de sabots, le fusil à la bretelle, il marche, fatigué et résolu, gigantesque, symbolique et noir, vers la prochaine aurore.

— Hé ben ! c'est tout ça, leur fête au cochon ? constate, déçu, mon caporal.

A l'hôpital Z.

Henri D... nous communique une lettre de son frère, en traitement à l'hôpital Z :

« Je suis mieux. Moins de suppuration. Les pansements sont, cependant, encore douloureux et je ne parviens pas à considérer de sang-froid l'arrivée de Mme de Saint-F..., l'infirmière qui précède toujours le Major. C'est une femme du monde, et du meilleur; grande, forte, élégante; elle est joviale et se fait familière dans les moments critiques où notre douleur a besoin d'une diversion et la protège contre une réplique.

« Elle ne nous connaît guère, d'ailleurs,

par nos physionomies; elle nous connaît par nos plaies; nous ne sommes plus des hommes à ses yeux, mais des blessures. Elle sait exactement où en était la plaie, hier; et elle en fait au Major un « rapport » précis qu'il écoute, attentif et déférent, pendant que les mains prestes, adroites, déroulent les longues bandes. Alors le Major prend sa place et je cesse de sourire.

« L'été bat son plein. Le jardin botanique, dont les sycomores balancent leurs branches pleureuses au-dessus de notre cour, est une vaste volière. Je descends chaque après-midi dans cette cour. Mes voisins de lit, en état de marcher, deviennent mes voisins de banc. Notre hôpital était un collège. Nous avons l'air en récréation. Mais quelle récréation silencieuse ! A quoi bon échanger encore des impressions et des souvenirs que tous nous connaissons si bien ? Nous nous taisons, nous attendons nos cicatrisations et la fin de la guerre.

« Hier, j'ai fait un peu de fièvre. J'en aurai
encore ce soir, je le sens. Il serait plus sage
que je ne t'écrive pas. Cependant, il me semble que ma vive émotion s'apaisera si tu la
partages. Il est vrai que toi, l'homme de bron-
ze, resté dans la fournaise, tu jugeras peut-
être sévèrement ma faiblesse... Que veux-tu,
mon vieux, ici, notre application à suivre les
progrès de notre réfection borne à nous-mê-
me notre horizon; la monotonie des journées
nous dispose à nous amuser d'un vol de mou-
che, et l'atmosphère de couvent, qui est, avec
les flottantes odeurs d'iodoforme, celle des
hôpitaux et des ambulances, nous redonne
une âme enfantine. Le moindre incident rou-
le en écho indéfini à travers nos rêvasseries et
nos insomnies.

« Ne t'ai-je pas signalé, dans ma dernière
lettre, le cas du petit Blondin ? Il a disparu.
On croit qu'il a déserté. Moi, je sais qu'il sera
retrouvé, non par les gendarmes, mais par
des éclusiers, au barrage de quelque moulin.

« Je m'étais intéressé, puis attaché à lui. Il a enduré mille morts. Il n'a pas supporté la torture morale dont j'ai été le confident et le témoin.

« Blondin a été frappé, du côté de Reims, d'un éclat de 105 à la face. Je n'ai pas vu de blessure plus atroce que la sienne. Un œil emporté, le nez arraché, le menton lézardé, les dents brillant sous le rictus hideux de la lèvre fendue. Et quand il parlait, son palais défoncé l'obligeait à pousser des sons gutturaux. Au début, la parole lui était si pénible qu'il griffonnait sur un calepin, comme les muets. Peu à peu, la rééducation s'est effectuée, et il a pu articuler. Il fallait prêter une réelle attention à ses bégayages. Ses camarades se lassaient vite de l'écouter. J'en ai entendu un lui répondre : « Minute, quoi, attends que t'aie la gueule rétamée pour jaspiner ».

« Je ne manifestais ni impatience, ni fatigue, et il me prenait la main pour exprimer sa gratitude.

« Soir et matin, il tirait de son portefeuille un paquet de lettres mauves et une photographie. Il relisait les lettres. Il regardait l'épreuve. Il choisissait, pour ce rite sentimental, l'heure où les journaux m'absorbaient. Il avait le respect humain de son talisman. Il le protégeait contre toute indiscrétion. Le sacrilège d'un regard jeté à la dérobée l'eût froissé.

« Je m'aperçus, toutefois, qu'il se détournait moins de moi. Sous prétexte de mieux éclairer l'image, il se penchait vers mon lit. Il hésitait, tiraillé par le désir de me présenter le portrait, et retenu par la pudeur craintive de la présentation. Enfin, brusquement, me plaçant l'épreuve sous les yeux :

— Est-ce moi qui vois mal... ça me paraît s'effacer. Tu ne trouves pas ?

— Non. C'est ta femme ?

— Oui.

« C'était une assez jolie tête, auréolée de cheveux légers.

— Je suis parti le douzième jour de la mobilisation. On a eu le temps d'aller chez le photographe. Ça ne m'a pas quitté.

« Je fus surpris que la femme ait pu conserver un sourire aussi tranquille devant l'appareil qui gravait, pour une telle séparation, ses traits réguliers, sa chevelure soignée, son corsage de dentelle où la broche était piquée bien droit. S'était-elle, au contraire, efforcée de perpétuer, pour la consolation de l'homme qui s'en allait, la physionomie des jours heureux ? Elle aurait alors joué son petit rôle héroïque...

— Elle est charmante, ta femme, et jeune.

— Vingt ans. Là, nous sommes tous les deux, une photo d'amateur.

« Je demandai, bêtement :

— C'est toi, ce beau garçon-là ?

— J'ai changé, hein ?

— Mon pauvre ami, je ne connais de toi que ce que les médecins m'en veulent bien laisser voir... Un œil, c'est peu... Il est probable que le reste se recoud et s'arrange sous la toile.

— Des fois, je me demande quelle bobine j'aurai...

— Tu seras balafré. Mais il y a des balafres qui embellissent parce qu'elles sont nobles. Les étudiants boches ne sont-ils pas fiers des leurs ? Et ils n'ont pourtant pas plus de mérite que s'ils se coupaient avec des tessons de bouteilles, un soir de bombe. Tandis que ton stoppage aura une autre signification, souligné par ta Croix de guerre... Ne te plains pas. Tu feras des envieux, mon petit !

— Ça m'est absolument égal. Pourvu que je ne sois pas trop laid !

« Je crus d'abord que cette préoccupation révélait une coquetterie de bellâtre. Sa photographie accusait d'ailleurs une certaine recherche. Il reprit :

— Vous voyez ça, hein ? pour une femme, condamnée à vivre en face d'une tête fracassée !

— Je serais femme, je t'en aimerais davantage. Beaucoup d'orgueil se mêlerait à mon amour.

— Oui, pendant un an, deux ans... Et après...? A mesure qu'on s'éloignerait de la guerre ! Et les comparaisons ! Il n'y a pas plus de gloire à avoir la joue défoncée qu'à être amputé d'un bras ou d'une jambe... On inspire peut-être plus de pitié et c'est tout. Je ne souhaite pas que ma femme ait pitié de moi. Ah ! bien sûr... elle dira ce que tu dis, que j'ai souffert, que je suis un glorieux mutilé, qu'elle est fière de se montrer à mon bras ! Ensuite, la vue du balafré lui sera pénible. Elle haïra la guerre qui m'a enlaidi et elle oubliera la gloire.... Elle souffrira à son tour par moi !... Encore, je mets les choses au mieux ! Je n'ai aucune idée de ma blessure. Dieu sait si je ne lui inspirerai pas, quand la pitié se sera usée, du dégoût... de l'horreur! Elle serait très excusable. Je me rappelle un marin qui était tombé, ivre, à fond de cale. Il s'était aplati le nez, fendu les paupières et

les lèvres; depuis, il bavait. Quand je grimaçais, mes parents me disaient que je finirais
par lui ressembler, et quand je le voyais, je
pleurais de terreur. Ah ! devenir à vingt-cinq
ans quelque chose comme ce monstre... pour
sa femme !...

« Dès lors, il me harcelait de questions.

— Toi qui assistes à mes pansements, dis...
comment est-ce ? Si j'ai un œil perdu, on me
le remplacera par du verre. Mais autour, quel
dégât ?

« Je lui répondis que le dos du Docteur
m'empêchait de rien distinguer de ses plaies,
bien qu'en vérité, tel que lui-même, enfant,
à l'apparition de l'ivrogne monstrueux, j'aurais pleuré de terreur.

« Il me suppliait de lui procurer une glace.
J'objectais que, dans un hôpital, cet article
de luxe était rare, et, d'un ton plaisant, je lui
reprochais son inquiétude, à peine digne d'une petite maîtresse.

« Un matin, il me confia qu'il s'était décidé à prier sa femme de venir le voir.

— J'hésitais jusqu'à présent... Le voyage est long. La France à traverser. Je ne la pressais pas d'arriver. J'espérais être débarrassé de mes linges et retapé. Je ne voulais pas qu'elle embrasse une momie... hein ? Ça traîne. Dans combien de temps serai-je guéri? Mieux vaut la préparer peu à peu... Elle sera ici après-demain.

« Il était assis sur son lit quand elle entra, un peu interdite, éblouie, après la demi-obscurité des corridors, par la clarté de la salle, où le soleil plaquait des carrés brillants sur le parquet ciré, la blancheur des draps, des murs, de la table centrale, du chariot à pansements. Il se leva d'un bond, et retomba. L'émotion le fauchait.

« Pâle, puis rouge, essayant de reconnaître son mari parmi les visages qui se tournaient vers elle, elle se risqua à demander :

— Marcel Blondin... s'il vous plaît, est-ce ici ?

« Ne pouvant ou ne voulant parler, il leva la main, comme à l'appel, sur les rangs.

« Elle comprit, avança vite, et, à deux pas de lui, s'arrêta net.

— C'est toi ?

« J'intervins :

— C'est lui, Madame.

« Elle cherchait un coin de joue à embrasser.

« Il désignait son œil. Et je vis sa paupière lentement se fermer. Elle ne se fermait pas seulement pour recevoir le baiser espéré, elle se fermait sur le bonheur ancien qui ressuscitait, contre toute vraisemblance, en cette seconde adorable et cruelle. Penché sur le bord de mon lit, je tremblais de joie pour eux. J'imaginais le rapide défilé des heures amoureuses de ces gentils petits, le souvenir de quelque dimanche printanier, plein de poudre d'or, le ciel traversé d'oiseaux, la rivière striée d'étincelles, et deux lèvres ardentes scellant à jamais la vision.

« Elle sentit sur sa bouche le contact du linge. Elle eut un recul.

« Il la saisit aux épaules, l'obligea à se courber pour l'embrasser encore. Elle se raidissait. Elle usa d'un stratagème :

— Mon pauvre chéri, tu es bien plus blessé que tu ne me l'avais écrit... Attends que je te regarde. Comme tu as dû souffrir ! Tu ne me dis rien... Tu peux parler, au moins ?

« Il gargouilla, du fond de la gorge :

— Je t'aime...

— Quoi ? tu dis ?

« Il répéta :

— Je t'aime...

« Elle me regarda :

— Qu'est-ce qu'il raconte ?...

« Je n'eus pas le courage de traduire ce que lui seul devait redire, et j'affirmai que je n'avais pas entendu. J'ajoutai que le pansement du matin avait été très dur, que le médecin ordonnait le silence pour ne pas compromettre la solidité de la « reprise » pratiquée à la commissure des lèvres. J'inventai une longue histoire et conseillai, en manière de conclusion, de laisser Blondin au repos absolu et de revenir le lendemain à l'heure de la « récréation ».

« Elle se dégagea de l'étreinte de son mari.

— Monsieur a raison. Vois-tu, mon chéri, c'est plus sage... Repose-toi... A demain. Dors bien. A demain...

« Elle s'en alla en envoyant un baiser du bout des doigts.

« Il resta une heure, prostré, les jambes pendantes. Après quoi, il s'étendit. Il refusa de manger. Sa température monta de deux degrés. Pendant la nuit, il ne bougea pas, mais ses soupirs s'étranglaient en sanglots.

« Quand le jour parut, il me secoua le bras.

— Ton impression, à toi ? Crois-tu qu'elle revienne ?

— Pourquoi ne reviendrait-elle pas ?

— Je lui fais peur...

— Non, mais elle était très émue.

« Il insistait :

— Elle a eu peur de moi. Elle a eu, après m'avoir embrassé, un mouvement de retrait. Tu comprends... mon œil valide y voyait pour deux et j'avais tellement pensé à cette minute-là!... Au début de la guerre, je croyais que le retour serait très beau, au milieu des fleurs et des bravos. Après trois mois de combats, j'ai cru que ce serait un bonheur réservé à quelques élus. Avant le dernier assaut auquel je pris part, j'ai cru que je ne serais jamais du nombre des élus. J'ai échappé à la mort. Maintenant, je le regrette.

« J'objectai :

— En admettant même que tu portes une large cicatrice et que tu aies un œil de verre, est-ce que ça changerait quoi que ce soit à l'expression de ce qui n'a pas été touché dans ton visage ? L'immobilité d'une partie des traits, à côté de la vie des autres, fixe l'admiration et marque indéfiniment un instant d'héroïsme. C'est un paraphe de gloire en pleine figure.

« Il me répondit avec amertume :

— Tu raisonnes en homme que tu es. La femme ne sait pas toujours s'élever au-dessus de ses impressions. Ma femme a été impressionnée, et que sera-ce, mon Dieu, quand on mettra mes plaies à nu ? La femme, si attachée qu'elle soit, souffre moins de la mort que de l'enlaidissement monstrueux de son mari. Je t'affirme que j'ai eu tort de ne pas y rester.

« Un peu agacé, je répliquai qu'un amour sincère survit aux misères physiques, aux blessures d'une guerre, comme aux flétrissures de l'âge. J'ajoutai qu'il m'étonnait de craindre si exclusivement que, chez sa femme, la fierté de garder, même mutilé, l'ami au cœur inentamé et noble, ne dominât pas le regret puéril de ne plus caresser une joue intacte.

« Ma belle éloquence se brisa contre l'obsédant entêtement :

— Pourquoi l'obus ne m'a-t-il pas enlevé les deux jambes ?

— Hé bien, dis-je en riant, pousse les choses au tragique. Raconte que le schrapnell t'a broyé la margoulette, que tu as recueilli ta cervelle dans ton quart, recollé tes oreilles avec des timbres-poste. Après ça, elle devra s'estimer heureuse que tu ne joues pas les Saint-Denis... Et quand tu sortiras de tes linges, elle s'écriera, en se jetant à ton cou : « Mais tu n'as presque rien ! »

« Je l'ai ainsi fort sottement amené à prendre une résolution décisive, dont j'ai soupçonné la triste exécution aussitôt qu'il est remonté, après la visite de sa femme, vers quatre heures.

« Il m'est revenu avec un pansement en désordre. D'une voix calme, il m'a prié de resserrer les bandes. Pendant que je piquais les épingles dans la profondeur des ouates, je lui demandai s'il n'avait pas défait le travail de l'infirmière.

— Je l'ai défait.

— Devant ta femme ?

— Oui. Elle a vu et j'ai vu.

— Et alors ?

— C'est fini.

— Fini, quoi ?

— Tout. La guerre, l'hôpital, la vie, l'amour, le mal, le bien, la faim, la soif... le monde...

« Il tomba contre moi, évanoui.

« On le coucha. J'évitai, quand il reprit connaissance, de passer près de lui.

« Le lendemain, avant-hier, il a soumis au major quelques lignes écrites sur son calepin.

« Le major haussa les épaules.

— Retourner au front quand je vous propose pour la réforme ? Mon pauvre ami, à quoi songez-vous donc ?...

« Il tâta le pouls de Blondin et ajouta :

— De la fièvre. A surveiller de près, ce petit bonhomme-là. Aucune visite. Défense rigoureuse de le déranger.

« Blondin baragouina que personne ne devait plus le voir.

« Je lui demandai si sa femme était repartie.

— Hier soir.

« Je ne pus rien tirer de lui durant la fin de la journée. En rentrant de ma promenade dans la cour, j'ai trouvé sur ma tablette un paquet qui contenait sa montre, son couteau, de l'argent. Voici ce qu'il avait tracé à la hâte sur une feuille de son bloc-notes :

« Il n'y a pas à s'inquiéter de l'absence d'un
« homme dont le nez, l'œil gauche, et la moi-
« tié de la face ont été emportés, et qui est
« devenu un objet d'épouvante. Garde en sou-
« venir de ma gratitude pour la patience que
« tu as témoignée, en écoutant et en essayant
« de comprendre mes bafouillages, ces menus
« objets. Et porte-toi bien ».

« Depuis hier, il est « manquant ».

« Je n'ose imaginer la scène qui a suivi

l'arrachement des bandelettes, devant la malheureuse. C'est un acte de fou, mais je suis au désespoir de l'avoir peut-être provoqué par mon absurde boutade.

« J'en suis encore tremblant.

« De tout cœur, frérot :

Didier.

TABLE

Caen.— Impr. H. Delesques, 34, rue Demolombe.